엄마의 경제 독립 프로젝트

엄마의 강점을 돈으로 바꾸는

엄마의 경제 독립 프로젝트

이지영 지음

비즈니스북스

엄마의 경제 독립 프로젝트

1판 1쇄 인쇄   2019년 7월 6일
1판 1쇄 발행   2019년 7월 16일

지은이 | 이지영
발행인 | 홍영태
발행처 | (주)비즈니스북스
기 획 | 이진아콘텐츠컬렉션
등 록 | 제2000–000225호(2000년 2월 28일)
주 소 | 03991 서울시 마포구 월드컵북로6길 3 이노베이스빌딩 7층
전 화 | (02)338–9449
팩 스 | (02)338–6543
e-Mail | bb@businessbooks.co.kr
홈페이지 | http://www.businessbooks.co.kr
블로그 | http://blog.naver.com/biz_books
페이스북 | thebizbooks
ISBN 979-11-6254-084-8   03320

자신과 가족의 행복을 위해
지금 이대로 머무를 수 없다는
세상 모든 엄마들에게

용기 있는 엄마만이 멋진 삶을 얻는다

"결혼하고 3년 만에 종잣돈 1억 원을 모았다고요?"

"종잣돈 1,500만 원으로 시작했는데, 지금은 자산가가 되신 비법이 뭐예요?"

"육아하랴 살림하랴 회사 다니랴 바빴을 텐데, 그 와중에 베스트셀러도 내셨다고요?"

"평범한 주부에서 어떻게 지금은 재테크 전문가가 되신 건가요?"

강의 때마다 내가 자주 듣는 말이다. 그러면 뒤이어 으레 이렇게 묻곤 한다.

"어떻게 그렇게 많을 일을 다 해낼 수 있던 거죠? 특별한 비결이, 재능이 있넌 거 아닌가요?"

'돈'에 눈을 뜨다

돌이켜보면 나는 지극히 평범한 워킹맘이었다. 나는 2002년도에 사회생활을 시작했고 그로부터 3년 후에 결혼을 했다. 시작은 단출했다. 수중에 가진 돈은 남편과 합해 1,500만 원, 신혼 생활을 단칸방에서 시작했다. 하지만 당시엔 나름 만족하며 살았다. 없는 살림이었지만 지금 이대로 꾸준히 회사에 다니고 돈을 모으면 나와 남편 두 식구 사는 일은 그리 어려운 일이 아니라고 생각했다.

그러나 첫아이를 갖게 되고서는 그 모든 생각이 다 바뀌었다. 아이가 태어나면, 아이가 자립할 수 있을 때까지 부양하려면 지금 이대로 월급을 모아 사는 일만으로는 부족하겠다는 생각이 들었다. 전에는 한 번도 진지하게 생각하지 않던 '돈'에 눈을 뜬 것이다. 그때부터 돈 공부에 열을 올렸다. 틈이 나는 대로 책과 경제신문을 읽고 강연을 쫓아다녔다. 그렇게 쌓은 지식과 정보로 나는 내 집 마련과 노후 대비 재테크를 시작했고 자산을 조금씩 불려나갔다.

그렇게 육아와 살림, 직장생활, 재테크까지 수년간 정신없이 앞만 보고 달려왔다. 그러는 사이 큰 애는 아홉 살, 작은 애는 일곱 살로 훌쩍 자라 있었다. 분명 이전보다 살림살이도 나아졌고 애들도 예전만큼 손 갈 일이 없는데도 여전히 나는 초조했고 막막했다.

처음에는 이유를 잘 알지 못했다. 그저 모든 일을 해내느라 지친 거라고 정신이 없어서라고 스스로 다독였다. 그런데 날이 갈수록 초조함과 막막함은 그 정도가 심해졌다. 그 이유를 알게 된 것은 뜻밖에도 친구와 근황을 이야기하면서였다.

"아이가 대학에 들어갈 때쯤에도 설마 우리가 지금처럼 지내고 있 겠어?"

친구의 질문에 갑자기 말문이 막혀버렸다. 평소 같으면 웃어넘겼을 질문인데 그날따라 친구의 말이 비수처럼 가슴에 와 박혔다. 명치가 아 팠고 답답했다.

앞으로 3년 후, 5년 후, 10년 후에 내가 어떻게 살고 있는지 전혀 그 려지지 않았다. 매일 애쓰며 살고 있는데, 미래는? 그야말로 암담했다. 그리고 무엇보다 아이 성장에 따라 엄마로서의 미래는 어렴풋이 그려 지는데, '이지영'으로서의 미래는 좀처럼 떠올릴 수 없었다.

이 생각이 계속되자 '이대로는 안 되겠다'는 생각이 들었다. 엄마로 서도 나 자신으로서도 뭔가 획기적인 삶의 변화가 필요했다.

'미래'에 눈을 뜨다

현실적으로 따지고 봐도 나는 변화가 필요한 상황이었다. 아이가 있는 기혼 여성으로 회사 생활을 할 수 있는 기간이 얼마 남지 않았다. 아이가 크는 속도에 따라 기하급수적으로 생활비와 교육비가 늘어가 고 있었다. 마침 아이가 하는 모든 일에 내 손이 필요했던 시기도 지난 시점이었다. 생각이 여기까지 미치자 나는 평소에 내가 좋아하던 일, 잘하는 일을 바탕으로 변화를 시도하기 시작했다. 그 첫 번째가 책을 쓰는 일이었다.

전작 《엄마의 돈 공부》, 《엄마의 첫 부동산 공부》를 본 사람이라면 다 알 것이다. 나는 돈 공부와 실제 투자를 하면서 기록한 일기와 메모를 바탕으로 원고를 집필, 30곳 이상의 출판사에 투고하여 내 책을 출간하게 되었다. 그것을 시작으로 엄마를 대상으로 재테크 관련 강의를 하게 되었고 지금은 엄마들의 경제 멘토이자 유튜버로 활동하고 있다.

앞서 사람들이 내게 하는 질문에 이제는 답할 시간이 되었다. 지극히 평범했던 내가 어떻게 20억 자산을 만들고 베스트셀러를 내며 수백 명을 대상으로 강연을 할 수 있냐고? 그저 나는 내가 갖고 있던 강점을 믿고 용기를 내 도전에 뛰어들었다.

경제적 자유를 안겨준 엄마의 강점 재테크

이른바 나는 '금수저'도 아니며 투자에 뛰어난 귀재도 아니다. 경제를 전공한 것도 아니었고 재테크에는 눈길조차 주지 않은 20대를 보냈다. 그리고 지금의 나를 만들어준 건 10년간 꾸준히 했던 돈 공부나 재테크, 독서만이 아니었다. 나를 새로운 변화로 이끌었던 가장 큰 원동력은 30여 년 동안 살면서 이미 내 몸에 밴, 본래 그 자리에 있었던 '나만의 강점들'이었다.

나는 내 인생에 큰 변화를 일으킨 이 현상을 '강점 재테크'라 부른다. 그리고 나뿐만 아니라 다른 사람들 역시 자신만의 강점을 찾아 경제적 자유를 이룰 수 있는 방법이 무엇일지 줄곧 고민해왔다. 이 책은 바로 그 고민의 결과물이다.

지금이 바로 나의 강점에 투자해야 할 때

주변을 둘러보면 자신만의 강점이 있는데도 이를 하찮게 여기는 엄마들이 많다. 그동안 엄마들에게 당신은 이런 강점이 있다고 구체적인 근거를 들어가며 아무리 이야기해도 대부분이 믿지 않았다. 강점을 강점이라 믿게 하는 데까지도 정말 많은 시간과 노력을 들여야 했다. 그러나 이런 엄마들의 마음을 십분 이해한다. 나 역시 나의 강점을 강점이라고 온전히 믿는 데 시간이 상당히 걸렸고, 그것들을 활용해 지금의 자리에 오기까지 수많은 의심과 자책을 했기 때문이다.

이 책은 나처럼 자신의 강점을 의심하거나 하찮게 여기는 엄마들을 위한 책이다. 어릴 적부터 좋아하던 메이크업에 뛰어들어 지금은 SNS에서 항공사 면접 메이크업으로 인기몰이 중인 엄마, 남다른 음식 솜씨로 반찬 가게를 시작해 지금은 분점까지 낸 사장님, 평소 주변 사람들의 이야기를 잘 들어주고 상담하는 특유의 친근함으로 지금은 엄마들의 멘토로 활약하는 유튜버까지, 자신의 강점에 투자해 경제적 자유를 얻은 엄마들의 다양한 이야기를 통해 어떻게 강점을 발견하고 이를 개발해야 할지, 어떻게 강점을 돈으로 바꿀 수 있는지, 그리고 어떻게 '나'라는 퍼스널 브랜딩을 구축하며 돈과 시간에 얽매이지 않는 아바타 소득 시스템을 만들어 나갈지에 대한 구체적인 방법을 담았다.

특히 퍼스널 브랜딩을 거창하고 막연하게 생각하는 엄마들에게 책, 강연, 유튜브, 칼럼 등 다양한 형태의 콘텐츠를 통해 충분히 나만의 브랜드를 구축할 수 있다는 것을 꼭 알리고 싶었다.

아마 당신은 인생에 변화를 주고 싶은 열망으로 이 책을 펼쳤을 것이다. 명심하자. 지금 이 자리에서 인생을 변화시키고 싶다면 절대 도망가지 말아야 한다. 반드시 나 자신과 마주해야 한다. 바로 지금부터 나 자신이 나만의 강점을 발견하는 관찰자가 되어주고, 이를 개발해줄 트레이너가 되어주자. 그렇게 한 걸음씩 나아가다 보면 나의 강점이 선명하게 보일 것이다. 그 길의 끝에는 경제적 자유와 행복이 기다리고 있다. 그것이 바로 강점 재테크의 시작이다. 부디 당신 자신을 믿고 강점에 투자하기를 바란다. 그러면 당신은 가슴 뛰는 삶을 사는 동시에 경제적 자유를 누리는 제2의 멋진 인생을 맞이하게 될 것이다.

2019년 7월 뜨거운 응원을 담아

이지영

차례

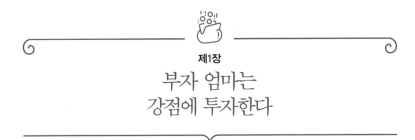

제1장

부자 엄마는
강점에 투자한다

제2장

따박따박 월급처럼 들어오는
아바타 소득 시스템 만들기

제3장

강점을 돈으로 바꾸는
결정적 노하우

제4장

경제 독립의 지름길,
1인 브랜드를 만드는 법

제1장

부자 엄마는
강점에 투자한다

좋은 엄마가 되려고 할수록
지쳐가는 몸과 마음

아이방을 따로 예쁘게 꾸밀 수 있는 내 집을 마련하고 싶었다. 수중에 돈은 부족했지만 첫아이를 임신하자마자 그것은 마치 내 평생의 소원처럼 간절해졌다. 만삭 때까지도 부동산을 찾아다녔다. 내 맘에 꼭 드는 곳을 찾아 모르긴 몰라도 수십 곳은 다닌 듯하다. 그렇게 찾아다닌 결과 아이를 낳기 보름 전에 내 생애 첫 집을 마련할 수 있었다. 산후조리원에서 나와 아이를 안고 새 보금자리에 들어선 순간은 평생 잊을 수 없을 것이다. 나는 무슨 일이든 할 수 있을 것 같았고 또 무엇을 하든 잘할 수 있을 것 같았다. 세상이 온통 나의 편인 것 같았다.

그러나 그다음 달 통장잔고를 확인하면서부터 그 기쁨이 급감하기 시작했다. 담보대출이자며 육아비, 생활비 등은 생각보다 어마어마했고 매달 줄어드는 잔고를 보면서 나는 점점 더 초조해졌고 불안해했다. 그래서 출산 휴가를 끝내고 직장에 복귀해서는 의식적으로 정말 더 열심히 일했다.

남편도 나도 새벽부터 밤늦게까지 바쁘게 지내는 나날이 계속됐다. 나는 퇴근 시간이 되기 무섭게 아이 픽업을 위해 전속력으로 뛰쳐나갔다. 아이를 데리고 집에 오면 다시 새로운 일과의 시작이었다. 아이 씻기고 밥 먹이고, 청소며 설거지며 빨래며 할 일이 끝이 없었다. 육아에도 요령이 생겨 둘째를 키울 때는 좀 손 쉬워지나 했는데 그렇지도 않았다. 나는 매일 소리 없는 전쟁을 치르는 기분으로 늘 초조했고 피곤해했다.

왜 엄마가 되면 잃어버리는 것이 많아질까

엄마가 된다는 건 정말 축복받을 일이지만 이상하게도 좋은 엄마가 되려고 노력하면 할수록 몸과 마음은 지쳐갔다. 엄마로서 행복한 모습을 보이고 싶은데 항상 피로로 찌든 내 모습, 아이를 마음만큼 잘 대하지 못하는 내가 참 미운 적도 많았다. 직장에 가서도 내 퇴근 시간만을 기다리며 현관까지 나와 있을 아이의 큰 눈망울이 떠오를 때면 마음이 아팠다.

그날도 미처 마치지 못한 일을 싸들고 퇴근길에 올랐다. 어린이집에 우리 아이 혼자서 남아 있는 것은 아니길… 나를 기다리고 있을 아이를 생각하며 정신없이 뛰어갔다. 어린이집 문을 열자마자 아이 이름을 불렀다. 마침 나를 보고 달려 나오는 아이, 오늘도 혼자 나를 기다리고 있었다. 울지도 않고 투정부리지도 않았지만 내게 매달려 떨어지지 않는 모습을 보니 외롭게 기다렸을 아이 마음이 온전히 느껴졌다. 아이에게는 즐거운 일만 행복한 일만 느끼게 해주고 싶었는데, 아이도 나름대로 이 상황을 견디고 있구나 하는 생각에 이르니 무척 미안하고 속상해졌다.

'나, 언제까지 이렇게 살아야 하는 걸까?'

아이 손을 잡고 집으로 돌아오는 내내, 그 생각을 지울 수가 없었다. 그날따라 지금의 삶이 너무 비참하게 느껴졌다. 아이들을 잘 키우고 우리 가족이 행복해지고 싶어서 남편도 나도 제 몸 하나 신경 쓰지 않고 이렇게 앞만 보며 뛰어왔는데, 결과는 아이마저 '견디게' 하고 있었다. 삶은 나아지기는커녕 점점 힘들어지는 듯했다.

10분쯤 걸었을까? 집에 도착해서 나는 내 다리에 매달린 아이를 떼어놓으려고 했다. 그때 쿵-, 무거운 가방이 바닥에 떨어지며 둔탁한 소리를 냈다. 순간 나는 가방이 떨어지며 난 소리인지 내 마음이 내려앉은 소리인지 분간이 되지 않았다. 곧이어 정체 모를 소리가 머릿속에 크게 메아리쳤기 때문이다.

'그런데 이게 과연 최선일까?'

열심히만 살지 않겠다는 결심이 변화의 첫 스텝

처음으로 나의 현실과 대면한 그날, 내면에서 들려오던 목소리와 함께 두 가지 기억이 머리를 스쳐 지나갔다.

초등학교 때 단짝으로 지내던 친구가 있었다. 친구의 아버지는 환경미화원이셨는데 평생 매일같이 야광 조끼를 입고 새벽이면 청소차를 타고 일을 나가셨다. 친구는 두 사람이 간신히 지나갈 정도로 좁은 골목에 수십 년도 더 되어 보이는 낡은 집에서 살았다. 화장실도 부엌도 집 밖에 있어 세수를 하고 아침밥을 차리는 것조차 힘들었을 그 집에서, 친구의 부모님은 몇십 년간 딸 셋을 키우셨다. 친구는 집안 형편상 상업고등학교에 진학해 졸업 후 바로 취업했고 우리 중에서는 가장 빨리 월급을 받았다.

그러다 몇 년 전 친구에게서 아버님이 지병으로 돌아가셨다는 소식을 전해 들었다. 여행 한번 제대로 가보지도 못하고 돌아가셨다며 울먹이는 친구의 말에 나도 눈물이 났다. 더 안타까웠던 것은 고등학교 졸업 후부터 일을 시작했던 친구 역시 여전히 가난에서 벗어나지 못하고 있었다는 사실이다.

운명의 신은 참으로 가혹하다. 누구보다 성실히, 열심히 살지만 행복을 제대로 누려보지 못하고 가족과 함께 식사하는 시간마저 사치처럼 여겨야 하는 사람들이 있다. 이렇게 열심히 사는데 왜 삶은 점점 각박해질까? 왜 가난에서 벗어나는 것은 이토록 힘든 것일까? 물론 여러 가지 원인이 있겠지만, 나는 어쩌면 우리가 가난에서 벗어날 수 있는 방법을 진지하게 생각해보지 않았기 때문이라는 생각이 들었다. 안타깝게도 그건 나도 마찬가지였다. 열심히 살았지만 삶은 항상 무겁게만 느껴졌다.

내면의 목소리를 들은 그날, 나는 뜬눈으로 밤을 지새웠다. 그리고 내 삶에 조용한 혁명을 가져다줄 한 가지 결단을 내리게 되었다.

'이제는 열심히만 살지 않겠다.'

그때부터였다. 나를 위해, 아이가 보지 못하는 곳에서 조용히 눈물을 흘리며 하루하루를 살아가는 엄마들을 위해 '여기서 조금 더 행복해질 수 있는 방법은 없을까?'를 고민하게 된 것은.

엄마의 삶에 묻혀 가려진 나

누구에게나 결혼은 축하받을 일이고, 출산은 축복과도 같은 일이다. 아이는 하늘이 내게 줄 수 있는 가장 큰 선물이라 해도 과언이 아니다. 부모란 세상이 무너질 것처럼 힘든 일이 있어도 아이의 미소 하나로 또다시 세상을 다 얻은 양 행복해지는 존재가 아니던가.

하지만 결혼과 출산이 꼭 행복으로만 다가오는 건 아니다. 그 너머에는 숱한 희생과 고통, 수없이 삼켜야만 하는 눈물이 있다. 그리고 그 세월 속에서 '나'라는 존재는 서서히 누군가의 엄마, 누군가의 아내, 어느 집안의 몇 째 며느리라는 역할들로 대체된다. 나의 이름을 불러주는 사람도 확연히 줄어든다. 'ㅇㅇ 씨'가 아니라 'ㅇㅇ 엄마'로 불리기 시작해서 어느덧 옆집 엄마, 앞집 엄마가 된다. 그렇게 새로 부여받은 역할과 이름에 치여 10년, 20년을 살다가 아이들이 다 자라고 나면 어느 날 문득 이런 사실을 깨닫게 된다.

'내 삶에 나는 없었구나.'

그때의 상실감을 어떻게 설명할 수 있을까? 세상에서 나를 가장 행복하게 해준 엄마라는 역할 때문에 정작 나는 사라지게 되었다는 이 사실을 어떻게 받아들여야 할까?

부정하고 싶지만 이것이 우리 부모님의 삶이기도 하고, 인생 선배들의 삶이기도 하며, 내 친구들의 삶이기도 하다. 강연장에서 만난 수많은 엄마들의 삶이 그렇게 흘러갔고 다들 그렇게 자기 자신을 잃어갔다.

나를 잃어간다는 건 좀 더 구체적으로 말하자면 이런 것이다. 나를 위한 공간과 시간을 잃었을 뿐 아니라 '나'라는 사람으로서의 관계가 사라지는 것. 특히 여자는 엄마가 되는 순간 인간관계의 폭이 확연히 줄어듦과 동시에 새로운 커뮤니티에 편입된다. 바로 엄마들의 커뮤니티다. 아이들이 학교에 진학하면 그때부터는 학부형 모임에 소속된다.

이처럼 아이로 인해 대인 관계도 바뀐다. 뿐만 아니라 정서적인 면에서도 잃는 것들이 많다. 나를 위해 돈이나 시간 등을 쓸 수 있는 여유가 사라지고, 새로운 일이나 사업을 시작할 기회를 얻는다 하더라도 정말 잘해낼 수 있을지 끊임없이 불안해한다. 심지어 대학원 박사과정까지 밟았고 사회생활을 하면서 오랜 경력을 쌓았다 하더라도 손을 뗀지 오래되었다는 이유로 더 이상 그것들을 자신이 잘할 수 없다고 여긴다. 이렇게 내가 좋아했던 나의 모습, 내가 인정했던 나의 강점까지 잃어간다.

하지만 잊지 말아야 할 것이 있다. 흔히 이것들을 '잃었다'고 생각하기 쉽지만 사실은 잃은 것이 아니라 잊은 것뿐임을, 더 정확히는 엄마라는 역할과 일상의 장막에 잠시 가려져 있던 것뿐임을 기억해야 한다. 진정한 나는 사라진 것이 아니라 언젠가 다시 찾아주길 바라며 잠시 물러나 있었을 뿐이다.

사랑하는 사람의 뒷모습을 본 순간, 살아갈 힘을 얻게 되었다

육아와 살림으로 하루하루 아등바등 살다 보면 혼자 사는 친구들이 부러워질 때가 있다. 나는 나 하나 챙기기도 버거운 사람인데 아이를 둔 엄마로서 책임과 의무를 다해야 할 때, 그에 대한 막막함과 답답함이 밀려올 때면 그랬다. 오로지 자신을 위해 사는 친구들이 홀가분해 보였고 그것이 나는 괜히 부럽고 심술이 났다. 그러나 내게 가족은 '나'를 잃는 이유이기도 하지만 '나'를 되찾는 동력이 되기도 했다. 나를 행복하게 한 엄마의 역할이 나를 가렸듯, 반대로 가족들을 돌보느라 그간 소홀했던 나를 되찾게 해주는 가장 큰 원동력 역시 가족이었다.

첫아이가 태어나던 해는 내 인생에서 가장 행복한 해였고 한편으로 는 가장 힘든 해였다. 나의 작은 손짓 하나, 눈길 한 번에도 까르르 함박 웃음을 터뜨리는 아기를 보면서 새로운 세상을 만난 것처럼 신비롭고 행복했다. 속싸개로 꽁꽁 싸매 재우던 게 엊그제 같은데, 어느새 살이 포동포동 올라 평온한 표정으로 곤히 자고 있는 아기를 보면 하늘에서 내려온 천사를 보는 것만 같았다. 그렇게 첫아이와 함께하는 모든 시간 이 새롭고 신비했다.

하지만 그 시절은 내게 어느 때보다 힘든 시기이기도 했다. 밤낮이 바뀐 생활 때문에 늘 수면 부족에 시달렸고, 등에 센서라도 달린 양 잠 깐이라도 내려놓으면 울어버리는 아기를 계속 안고 있느라 손목과 허 리가 아파 수시로 물리치료를 받았다.

첫아이를 키우면서 나는 엄마라는 역할이 어떤 것인지 비로소 깨달 았다. 그것은 내가 전혀 알지 못했던 새로운 세계였다. 그렇게 나는 점 차 내가 누구였는지조차 잊어버릴 만큼 일상에 치여 살았다. 그로부터 오는 상실감과 스트레스는 화살이 되어 남편에게 돌아갔다. 이른바 '독 박육아'에 시달렸던 나는 남편의 상황 같은 건 돌볼 여유가 없었다.

그러던 어느 이른 새벽, 남편이 숨죽여 조심스럽게 출근 준비를 하 는 소리가 들렸다. 일어나서 아침 식사라도 챙겨주고 싶었지만 아기가 갑자기 깨기도 했고 이미 잠을 설쳤던 터라 귀찮은 마음에 외면했다. 그러나 잘 다녀오라는 인사는 해야 할 것 같아 방문을 열었는데 남편 은 이미 현관문을 나서고 있었다.

그때 내 눈에 들어온 남편의 뒷모습은 10여 년이 지난 지금까지도 내 가슴속에 고스란히 남아 있다. 육아와 가사로 지친 내 몰골도 말이 아니었지만 남편의 뒷모습과 어깨 역시 축 늘어져 있었다. 늘 강한 척, 아무렇지 않은 척했지만 아빠가 되었다는 사실이 남편에게도 무거운 책임감을 느끼게 하는 일이었음을 깨달았다.

살다 보면 누군가의 뒷모습이 유난히 두드러져 보일 때가 있다. 그것이야말로 우리가 놓치고 있는 사랑의 또 다른 모습이 아닐까. 어느 날 잠이 덜 깬 상태에서 본 남편의 뒷모습에서 나는 남편에게도 가장으로서 경제적 압박감이라는 무거운 짐이 있다는 것을 느꼈다. 그리고 더 이상 그 짐을 홀로 짊어지게 하고 싶지 않았다. 그때부터 많은 것이 변했다. 내가 사랑하는 사람들을 더 아껴주고 지켜주기 위해 경제적 안정을 꿈꾸기 시작했고, 내게 진짜 사랑과 행복을 알려준 아기를 위해 그 꿈을 차근차근 행동으로 옮기게 됐다. 사랑하는 가족을 지키기 위한 기반을 마련하려고 나는 돈 공부를 시작했고 그 과정에서 나를 다시 찾을 수 있었다.

현실 속 엄마들의 워라밸은 다르다

TV를 보다 보면 일과 육아를 병행하는 것은 물론 자기 관리까지 철저히 해내는 것 같은 유명인들을 종종 보게 된다. 또 미용실의 여성 잡지나 인스타그램 같은 SNS에서도 완벽한 삶의 균형을 이루며 사는 듯한 엄마들을 많이 볼 수 있다. 그러면 다른 이들은 무엇 하나 놓치는 것 없이 잘 살고 있는 것 같은데 나만 그러지 못하는 것 같아 괜히 우울해질 때가 있다.

내가 가장 힘들었던 일 중 하나도 삶의 균형을 맞추는 것이었다. 특히 동시다발적으로 무언가를 해야 할 때는 너무나 버거웠다. 아이에게 밥을 먹이면서 내 일도 마무리해야 할 때, 직장에서 마치지 못한 일을 집에 가져와 하고 있는데 아이의 질문 공세와 숙제를 신경 써야 할 때 등 엄마가 된 후로는 이런 순간들이 너무나 많았다.

특히 직장에 다니면서 육아를 하고 책까지 쓰던 시기에는 그야말로 모든 것이 엉망이었다. 당시 나는 내 일도 육아도 꿈도 모두 똑같이 잘 해내고 싶었다. 평일에는 어쩔 수 없지만 주말에는 되도록 시간을 잘 분배해 쓰려고 했다. 물론 뜻대로 되진 않았다. 나는 토요일 새벽 4시에 일어나 원고를 쓰기 시작하곤 했는데, 아이들이 깨는 오전 8시쯤이 되면 그전까지 평화롭던 내 마음은 전쟁터처럼 어지러워졌다. 상상 속에서는 '아이들을 방에서 조용히 놀거나 책을 보게 하고 나는 내 방에서 책을 써야겠다'고 마음먹지만 현실에서 아이들은 장난감 총을 들고 뛰어다니고 나는 그 뒤를 쫓으며 윽박을 지르곤 했다. 책을 쓰기는커녕 컴퓨터 앞에 앉기도 힘들었다. '무엇 하나 내 뜻대로 되는 것이 없구나' 균형을 맞추려고 애를 썼지만 그럴수록 모든 것이 더욱 세차게 흔들렸다.

엄마만의 시간을 확보하는 방법

원하는 일들을 해내기 위해서는 특별한 방법이 필요했다. 나는 우선 내가 사용할 수 있는 시간을 확보하기로 했다. 그다음에는 그 시간을 효과적으로 쓸 수 있는 방법을 찾기로 했다. 숱한 시도 끝에 찾은 방법이 바로 '하루 일과를 기록하면서 자투리 시간 찾기'와 '할 일 위임하기', '루틴 관리하기'다. 이 세 가지로 나는 실제로 크게 효과를 보았고, 지금도 실천하고 있다. 이것은 나처럼 일도 살림도 육아도 꿈도 무엇 하나 놓을 수 엄마에게 유용하다.

대부분의 엄마들은 '시간이 부족하다'는 말을 입에 달고 산다. 내가 느끼기에도 엄마들의 시간은 빨리 흐르는 것 같다. 강의를 하다가 "자투리 시간을 찾으세요."라고 말하면 열이면 열 이런 답변이 돌아온다.

"시간이 아예 없어요. 지금 하는 것들도 제대로 못해서 허우적대는 걸요."

그런데 놀라운 사실은 그럼에도 불구하고 누구에게나 시간의 틈이 존재한다는 것이다. 나는 바빠서 시간이 없다는 엄마들에게 우선 자신의 일과를 노트에 기록해보게 한다. 요즘은 유용한 시간 관리 앱도 많이 나와 있어 앱 사용을 권하기도 한다. 무엇을 사용하든 실제로 자신이 시간을 어떻게 쓰고 있는지를 기록해서 살펴보면 참 신기한 사실을 알게 된다. 첫 번째는 생각보다 시간을 온전히 잘 쓰고 있지 않다는 것을 깨닫는다. 자투리 시간이 단 5분도 없다고 생각했는데 의외로 그냥 흘려보내는 시간이 꽤 많은 것이다.

그다음에는 쓸데없이 흘려보낸 시간, 아낄 수 있는 시간 등을 모아서 유용하게 쓸 수 있는 시간을 구체적으로 발견할 수 있다. 그렇게 발견한 자투리 시간에 해내고 싶은 일을 배치해 활용하면 된다.

시간을 확보하는 두 번째 방법은 바로 할 일을 위임하는 것이다. 하루는 친구가 내게 이런 하소연을 했다.

"지영아, 우리 집은 항상 내가 빨래를 다 널어. 항상 그래. 정말 힘들어. 나는 빨래 건조기를 사고 싶은데 비싸기도 하고 베란다에 건조기 놓을 자리도 없어."

"남편과 번갈아서 하거나 아이들에게 용돈을 주면서 도와달라고 하는 건 어때?"

"에이, 남편은 제대로 털지도 않고 널어. 애들은 더 심하지. 빨래에 구김이 다 간단 말이야!"

이처럼 해야 할 일이 너무 많아 시간을 확보하기 어렵다면 자신이 하는 일 중 일부를 다른 사람에게 위임하는 것이 방법이다. 나만의 기준을 높게 잡고 고수하기 보다는 나를 위해 조금씩이라도 숨 쉴 틈을 마련하자.

게다가 위임은 꼭 사람에게만 할 수 있는 것이 아니다. 다양한 가전제품을 마련하는 것 역시 시간을 절약하고 할 일을 사람에게 위임하는 것과 같은 효과를 낼 수 있다. 당장은 큰돈이 나가는 것 같겠지만 한번 돈을 들여서 일에 능률이 오르고 나 자신을 위한 시간이 늘어난다면 그것은 '플러스' 자산이 된다.

엄마들이 직장을 그만두는 가장 큰 이유는 바로 육아와 집안일에 대한 부담 때문이다. 경력이 단절되고 다시 일을 시작하지 못하는 이유 역시 마찬가지다. 이럴 때는 자신의 눈을 낮춰 다른 사람에게 부탁하거나 가전제품을 사서라도 과감하게 위임하도록 하자. 그렇게 벌게 된 시간에 책을 읽거나 본인의 경력을 되살릴 수 있는 공부를 할 수 있다면 쓴 돈은 '소비'가 아니라 '투자'가 된다.

워라밸을 위한 루틴 관리법

루틴은 '어떤 일을 하기에 앞서 행하거나 그 일을 하는 과정에서 지키는 순서나 방법, 습관' 등을 뜻한다. 한 금융인은 아침에 일어나자마자 영양제를 먹고 10여 분간 가볍게 조깅을 한다고 한다. 워낙 바쁜 탓에 건강을 챙기기 위해 아침 시간 10분을 활용한 루틴이다. 남편의 회사 동료는 점심시간마다 주식 차트를 본다는 사람이 있었다. 이는 주식 투자는 하고 싶은데 바쁜 업무로 시간을 내기 어려워 점심시간을 활용한 루틴이다. 이처럼 루틴을 잘 활용하면 나만의 시간을 제대로 사용할 수 있다. 나는 이 루틴 관리법을 내게 적용했다.

책을 쓰기로 결심하고 나서 내가 활용한 루틴은 취침시간 직전과 주말 시간이었다. 아이들이 잠들고 난 후 나는 늘 드라마나 예능 프로그램을 보면서 시간을 보냈다. 그러나 책을 써보자고 결심하고는 한 시간 정도 짬을 내서 원고 구상 및 집필에 할애했다. 우리 가족은 주말에 아이들과 나들이를 가곤 했는데, 한 주는 차를 타고 멀리 간다면 다음 한 주는 가까운 곳에서 주말을 보내곤 했다. 가까운 곳에서 주말을 보낼 때는 체력적으로도 시간적으로도 조금 더 여유가 있었는데, 초집중을 해야하는 일이 있을 때면 24시간 밤샘 카페에 가곤 했다. 토요일 저녁부터 새벽 1~2시까지 통으로 네 시간 이상 시간을 낼 수 있어 그때 집중해서 원고 집필을 하곤 했다.

책을 출간하고 강연자로 활동하면서는 강연장으로 이동하는 루틴을 주로 활용했다. 나는 강연 장소에 조금 일찍 도착하는 편인데, 그렇게 강연 앞뒤로 남는 자투리 시간에 카페에 앉아 수첩에 나만의 아이디어와 영감을 정리하곤 했다. 이렇게 쌓인 내용들은 모여 원고로 쓰일 때가 많은데, 그렇게 탄생한 책이 바로《엄마의 첫 부동산 공부》다.

이처럼 루틴을 활용하면 굉장히 다양한 일을 해낼 수 있다. 수강생들의 이야기를 듣다 보면 많은 엄마들이 앞서 말한 것처럼 점심 식사 전후의 커피 한잔, 다른 엄마들과의 브런치 타임, 맘카페 접속, 블로그나 SNS 활동 등을 루틴으로 가지고 있다. 혼자서 조용히 커피 한 잔을 마실 때 그냥 커피만 마실 게 아니라 책을 읽거나 가계부를 꼼꼼히 작성해보는 것은 어떨까? 다른 엄마들과 브런치를 즐길 때 대화 주제를 좀 더 생산적인 것으로 바꿔보는 건 어떨까? 그 엄마들과 함께 독서 모임을 꾸려보는 것도 가능하다. 맘카페에 접속할 때도 게시된 글을 아무 생각 없이 읽을 게 아니라 필요한 정보가 무엇인지 명확히 정해두고 그에 맞는 게시물들을 선택해 살펴보면서 스크랩을 해두면 어떨까? 이렇게 정보를 모아가면 '나만의 지식'을 만들어갈 수 있다.

정신적, 심적 워라밸을 이룰 수 있는 방법

얼마 전 친한 친구의 집에 놀러 갔다. 그런데 친구는 집에 있어도 마음이 편하지 않고 그 어느 곳에서도 편히 쉴 수 없다고 하소연했다. 둘러

보니 친구의 집에는 남는 방이 하나 있었는데 옷방으로 쓰고 있었다. 나는 그녀에게 살며시 제안했다.

"네 방으로 바꿔보는 건 어때?"

엄마에게도 자신만의 공간이 필요하다. 물론 현실적으로 쉬운 일은 아니다. 대부분은 집이 좁아서 또는 그런 공간을 꾸릴 여력이 없기 때문이다. 하지만 그리 어렵게 생각할 것도 아니다. 만일 자신만의 서재를 만들고 싶다면 방 하나를 서재로 만들 게 아니라 작은 책장 하나를 놓는 것만으로도 충분하다. 그것만으로도 나만의 공간이 있다는 느낌을 받을 수 있다.

빌라 옥탑방에 살 때, 거실 한 쪽 구석에 나도 나만의 책장을 마련했다. 맨 위 칸에는 좋아하는 향수와 향초, 액자 등 작은 물건들을 놓았고, 나머지 칸에는 읽고 싶은 책이나 도움이 되는 책을 꽂아두었다. 그러자 집 안을 오가며 그 책장을 보는 것만으로도 그렇게 뿌듯하고 마음이 편안해질 수가 없었다.

혹은 이런 방법을 쓸 수 있다. 또 다른 친구 하나는 '다른 사람의 방해가 전혀 없는 조용한 공간'을 원했다. 하지만 집에서는 도저히 그럴 수가 없었다. 그래서 그녀는 살고 있는 아파트에서 운영 중인 독서실에 등록했다.

"거기 가면 다 학생들인데 나만 아줌마인 거 있지? 그래도 정말 좋아. 읽고 싶은 책도 읽고, 공부도 할 수 있고…. 자기 전에 다음 날 독서실 갈 거 생각하면 설렌다니까."

입주민을 대상으로 한 공간이라 이용료도 무료라며 친구는 다음 달에도 신청할 생각이라고 했다. 그녀는 집 안이 아닌 외부에 있는 독서실을 나만의 공간으로 만든 것이다.

사람은 모두 자신만의 공간이 필요하다. 특정 장소에 가면 일이 잘되는 경험을 했을 것이다. 운동을 아무리 싫어해도 막상 헬스장에 가고 나면 운동을 잠시라도 하게 된다. 마음이 복잡할 때면 잔잔하게 흐르는 한강을 바라보면 나도 모르게 심호흡을 조금씩 깊게 하게 된다. 정신적, 심적으로 워라밸을 찾을 수 있는 나만의 공간을 찾아보자. 떠올리기만 해도 기분이 좋아지고 마음이 편해지는 곳, 나의 목적에 맞게 활용할 수 있는 곳이기만 하면 된다.

부자 엄마가 되기 위한
첫 스텝은 자기 믿음

얼마 전 내가 코칭을 하고 있는 멘티 한 분이 이사를 한다며 도움을 청해왔다. 그분은 수십 년 된 임대아파트에서 몇 사람들과 거실과 부엌을 공유하며 에어컨도 없는 작은 방에서 살고 있었는데, 곧 계약 만기가 다가오고 있었다.

그러나 살고 있는 아파트에 비해 다른 아파트들은 가격이 원래 더 비싸기도 했지만 수년 동안 계속 올라서 마땅한 집을 찾는 일은 더욱 어려워진 터였다. 게다가 예산에 맞으면서도 통근하기 괜찮은 지역을 고르려다 보니 부동산에서 보여주는 집이 마음에 들지 않았다. 어느 집은 엘리베이터 없는 빌라의 4층이었고, 어느 집은 창문을 열면 바로 옆집의 더러운 벽이 보였다. 어떤 집은 채광은 좋았지만 방이 너무 작았다. 이런 상황이다 보니 부동산중개소 사장님이 이렇게 말했다.

"사모님, 가격대가 좀 있는 빌라가 있긴 한데 한번 보실래요?"

그렇게 보러 간 빌라는 지어진 지 얼마 되지 않아 넉넉한 베란다 공간과 함께 구조 역시 여유 있게 설계되었다. 채광도 좋았고 엘리베이터도 있었다. 건물 입구에 여성 1인 가구가 선호하는 무인택배함까지 설치되어 있었다. 이 집을 보자 그분의 눈이 처음으로 반짝반짝 빛나기 시작했다.

"5년 동안 쉐어하우스, 임대 아파트에 월세를 살면서도 집을 보러 다닌 적이 없었어요. 시세가 이렇게 오른 것도 몰랐네요. 안 먹고 안 쓰더라도 이곳으로 꼭 이사 오고 싶어요."

이 말을 들은 나는 이렇게 말했다.

"왜 그렇게 생각하세요. 좋은 공간에서 살기 위해 안 먹고 안 써야 한다면 삶의 질이 떨어질 거예요. 이렇게 생각해보세요. '내가 이곳에 이사 오기 위해 반전세로 월세를 조금 낸다면 그 돈을 어디에서 벌 수 있을까?'라고요. 수입을 높일 방법을 자꾸 고민해보세요."

그러나 그분의 눈에는 '에이, 제가 무슨 수입을 늘릴 수 있겠어요'라고 쓰여 있었다. 집으로 돌아오는 길 내내 마음이 너무나 무거웠다. 그분이 꼭 이사를 할 수 있도록 동기부여를 하고 싶었지만, 원하는 환경에서 살면 훨씬 더 좋은 일이 생길 거라는 막연한 말로는 설득할 수 없었다.

돈보다 '자신을 어떻게 보느냐'가 중요하다

재무 코칭을 하다 보면 나도 모르게 떠오르는 이야기가 있다. 바로 인도의 코끼리 훈련법이다. 인도에서는 아기 코끼리들의 다리를 약한 밧줄로 매어 나무에 묶어놓고 코끼리를 길들인다고 한다. 아기 코끼리는 세월이 지나 덩치가 커지면 나무를 뽑을 수 있을 만큼의 힘을 갖게 되지만, 다리가 묶여 있으면 결코 움직이거나 저항하려 하지 않는다고 한다.

돈 때문에 힘들어하는 분들 역시 이렇게 보이지 않는 줄에 묶여 있는 것 같다는 생각이 든다. 그분들과 대화를 하다 보면 본인의 능력에 비해 약한 믿음을 갖고 있는 경우를 많이 본다. 충분히 잘할 수 있음에도 불구하고 과거 자신의 모습에서 빠져나오지 못한 채 능력을 펼치지 못한다. 나 역시 오랫동안 보이지 않는 줄에 묶여 있는 듯했다.

그래서 재무 코칭을 진행하면서 가장 신경 쓰는 부분은 바로 자신에 대한 믿음을 갖게 하는 것이다. '내가 무얼 할 수 있겠어'가 아니라 '내가 노력하면 더 많은 수입을 얻을 수 있다'는 자기 믿음 말이다. 멘티들 중에는 박봉에 열악한 환경에서도 열심히 일하는 경우가 많다. 그러면 나는 일단 좀 더 나은 근로 환경을 갖춘 곳에 이력서를 넣고 부지런히 이직을 시도해볼 것을 권한다. 그럴 때 멘티들의 이력서를 한 번씩 검토하는데 그들의 이력서 초안은 한 가지 공통된 특징이 있다. 자신을 너무 과소평가한다는 것이다.

'본인의 단점은 무엇이며 어떻게 해결했는가?'

이것은 취업 전에 반드시 대비해야 하는 대표적인 질문 중 하나다. 그런데 한 분의 답변을 읽어보고는 놀라고 말았다. 정말 본인의 부족한 점을 너무나 상세하게 쓴 것이다. 게다가 해결 방법이 전혀 구체적으로 나와 있지 않았다.

심지어 본인이 매우 부족하다고 생각해서 이직은 꿈도 꾸지 않는 분들도 많다. 지금 자리도 과분하기 때문에 굶어 죽지 않을 정도의 급여가 나오는 것만으로도 감사해하며, 더 좋은 조건이나 높은 연봉은 꿈도 꾸지 않는다. 이런 분들은 현실에 만족한다고 하지만 조금만 더 이야기를 나눠보면 돈 때문에 늘 괴롭다고 고백한다.

나 역시 어느 먹자골목에 있는 원룸에서 신혼 생활을 시작했다. 그렇지만 그곳이 내가 영원히 머물 곳이라고 생각해본 적은 없었다. 그 좁디좁은 단칸방에서도 아파트로 이사 가는 날만 꿈꿨다. 그리고 1년 후 원룸에서 투룸으로 이사를 갔다. 그러나 주방은 한 사람이 겨우 들어갈 정도로 작았고, 집에는 빛 한 줄기 들어오지 않았다. 그 집도 내가 영원히 머물 곳은 아니었다. 1년 후 나는 빛이 잘 들어오는 3층의 투룸으로 이사를 갔다. 그리고 다시 1년 후 드디어 내가 꿈꾸던 24평 아파트를 매수해 그 집으로 들어갈 수 있었다.

지금은 힘든 현실을 겪고 있을지라도 그것이 영원하리라는 생각에서 벗어나도록 하자. '지금 어디에 사는가', '지금 돈이 얼마나 있는가'

가 중요한 것이 아니다. '지금 내가 나를 어떻게 보고 있는가'가 더 중요하다. 단 한 번도 자신을 자랑스러워하지 않는다면 어떻게 행복으로 가는 길에 들어설 수 있을까? 자신의 가능성을 온전하게 바라봐주지 않는데 어떻게 성공으로 가는 길에 들어설 수 있을까? 스스로 자신의 성공을 믿지 못하는데 다른 사람이 당신의 성공을 믿어줄 리 없다.

누가 뭐라고 하든지 나만큼은 자신의 가능성을 믿어주자. 나를 사랑하고 나를 위해 투자할 수 있는 용기를 갖고 있다면 반드시 부는 따라오게 되어 있다.

미래에 대한 불안을
최소화하는 방법

소유하고 있는 부동산 가치와 사업 매출만 해도 80억 원이 넘는 지인이 있다. 그분은 월세 수익만으로도 어지간한 사람의 월급의 두 배 이상은 벌어들인다. 그런데 여전히 나보다도 열심히 부동산을 보러 다니고 새로운 사업을 알아보며, 투자 동향을 끊임없이 파악한다. 조금은 쉬엄쉬엄 할 법도 한데 그러지 않는 모습에 이유를 물은 적이 있다. 그분의 대답에 나는 고개를 끄덕일 수밖에 없었다.

"불안하니까 그러지."

만약 그분의 자산이 80억 원이 아니라 200억 원이었으면 불안해하지 않았을까? 아닐 것이다. 돈은 아무리 많아도 순간의 잘못으로 모두 잃기 쉬워 완벽하게 미래를 보장한다고 보기 어렵다.

그렇다면 안정적인 직장이 있다면 괜찮을까? 회사는 안정적일지 몰라도 직원은 안정적일 수 없다. 40대 초반만 돼도 후배들 눈치를 보기 시작한다는 말이 괜히 나오는 게 아니다. 연차가 쌓일수록 몸값은 올라가니 회사에서는 부담스러워 하고, 그 와중에 고객들의 니즈는 빠르게 바뀌니 젊은 사원들의 감각과 순발력을 따라가기 어렵다. 반면 평균수명은 점차 늘어나면서 직장을 그만둔 후의 삶은 점점 길어지고 있다. 당연히 불안할 수밖에 없다.

그렇다면 재테크를 하면 나을까? 주식이 하루아침에 '깡통'이 될 수 있다는 것을 모르는 사람은 이제 없다. 펀드는 수익률 자체도 그리 높지 않은 데다 수수료 등을 떼고 나면 본전도 못 찾는 경우가 많다. 불안하지 않으면 더 이상한 일이다. 보험은 어떨까? 말 그대로 '보험'일 뿐 미래를 '보장'해주는 것은 아니다. 안전벨트를 착용했다고 해서 완벽히 안전하다고는 할 수 없는 것처럼, 보험은 최소한의 안전장치일 뿐 불안을 완전히 없애줄 수는 없다.

가장 믿을 만한 자산, 강점과 재능

그녀는 선글라스와 책 디자인을 하던 디자이너였다. 예쁘고 아름다운 것이라면 보는 것이든 입는 것이든 만드는 것이든 무척 좋아했다. 또 꽤 실력이 좋기도 했다. 디자인 감각이 뛰어나서 외주 작업도 받아서 할 정도였다. 하지만 결혼을 하고 그녀는 좋아하던 일을 모두 그만두어야 했다. 그녀는 아이 갖기를 간절히 바라왔는데, 한 차례 유산을 경험하면서 회사에 다니는 일이 무리라고 판단했기 때문이다. 어렵게 아이를 갖고 나서는 육아에 전념하고 싶어 회사에 복귀하기로 한 일도 그만두었다. 그렇게 8년이 지났고 그녀는 초등학생, 유치원생 이렇게 두 아이의 엄마가 되었다.

그러던 어느 날, 그녀는 예전에 일하던 출판사 사장님으로부터 연락을 받게 되었다. 지금 급하게 디자인 작업을 할 사람이 필요하다는 것이었다. 생활비나 교육비를 생각한다면 약간의 부수입이라도 벌고 싶다는 생각을 했지만 디자인 일을 할 수 있을 거라고는 생각하지 못했다. 아이의 일거수일투족, 엄마의 손길이 필요한 시기엔 너무 정신없이 사느라, 큰 아이가 초등학교에 들어가면서 숨통이 조금 트이고 난후에는 8년의 시간이 지난 만큼 일에 대한 감각이 떨어졌을 거라는 생각 때문이었다. 그러나 뜻밖의 소식에 그녀는 단번에 작업을 수락했다.

마침 그녀가 맡게 된 작업이 어린이 색칠공부 책이었는데, 자신의 딸을 생각하니 딸과 비슷한 또래의 캐릭터가 있으면 좋겠다는 생각이 들었다. 그래서 편집자와 만난 자리에서 그 아이디어를 전했더니 출판사 쪽에서 굉장히 맘에 들어 했다. 그렇게 그녀가 만든 캐릭터로 색칠공부 책이 나왔고 대히트를 쳤다. 이 책은 국내를 넘어 중국에 수출까지 되었다.

그녀는 이 일을 계기로 지금까지 프리랜서로 디자인 일을 하고 있다.

"결혼하기 전에 제일 자신 있는 일을 꼽으라면 바로 '디자인'이었어요. 제일 좋아하던 일이기도 했고요. 하지만 오랫동안 손을 놓고 있었으니 자신이 없었어요. 일을 하게 된다면 마트 캐셔를 하지 않을까 생각했었죠. 그런데 우연한 기회에 작업을 시작하니 예전 기억이 떠오르면서 일하는 게 너무 즐겁더라고요. 그러니까 더 잘하고 싶어지고요. 적극적으로 의견을 낸 것도 그래서였어요."

최근에는 둘째 아들에게 영감을 받아 공룡을 소재로 한 종이접기 책을 제안해 작업을 하기도 했다.

"잠자고 있던 제 안의 무언가가 드디어 빛을 본 느낌이에요. 최근에는 디자인 공부도 다시 시작했어요. 오래도록 이 일을 하려면 더 많은 공부가 필요한 것 같아요. 계속 이렇게 일할 생각이에요. 새로운 수입도 내고, 제가 좋아하는 일을 계속 해나가고 싶어요."

회사에서는 언제 쫓겨날지 알 수 없고 재테크 수단은 경기의 영향을 크게 받는다. 각자도생의 시대에는 나 자신이 가장 믿을 만한 자산이다. 100세 시대를 살아가기 위해 지속적으로 수입을 창출해야 한다는 점을 생각한다면 직장, 펀드, 보험에도 언제까지 기댈 수 없다. 자신이 가진 재능과 강점, 잠재력을 십분 발휘하고 끊임없이 개발해, 새로운 소득 창출로 연결하는 것이야말로 가장 안정적인 미래 준비라 할 수 있다. 앞서 소개한 그녀 역시 자신의 재능과 강점, 잠재력을 발휘해 새로운 소득을 만든 케이스다.

당신의 강점은 사라지지 않는다

강점과 재능, 잠재력이라고 하면 엄마들은 자신과는 거리가 먼 말이라고 생각한다. 그게 아니면 결혼 전에 유난히 잘 나갔던 소수의 이야기라고 여긴다. 그러나 누구에게나 남들보다 조금 더 잘 하는 일, 남들보다 조금 더 잘 알고 있는 것, 남들보다 조금 더 좋아하는 것이 있다. 나는 그것이 바로 그 사람이 가진 강점이며 재능이고 잠재력이라고 생각한다.

학창 시절 유달리 패션 감각이 좋았던 친구가 있었다. 그녀가 입고 오는 옷마다 반 친구들은 매번 어디서 샀는지 묻곤 했다. 하도 그러니까 한번은 친구가 몇몇 애들과 함께 단골 옷 가게로 같이 간 적도 있었다. 나는 그녀가 패션 디자이너가 될 거라고 생각했다. 그게 아니더라도 관련 업계에서 한자리할 거라고 여겼다. 그러나 그녀는 결혼하고 첫 아이를 갖자마자 일을 관뒀다. 그 후로 아이 둘을 더 낳았고 12년간 전업 주부로 지냈다.

나는 그 친구를 늘 부러워했다. 집안 형편이 좋은 편이어서 부족함 없이, 아등바등하지 않고 사는 것 같았기 때문이다. 내가 빌라며 아파트며 월세, 전세를 전전하는 동안 그 친구는 시어머니가 갖고 있는 건

물에 들어가 살았다. 그래서 결혼 이후 한 번도 집 구하러 가본 적이 없었다. 게다가 그 친구는 살림도 매우 잘했다. 언젠가 그 친구의 집에 놀러간 적이 있었는데, 내게는 카레와 연어 요리를, 아이들에게는 돈가스를 만들어주기도 했다. 종종 아이들의 옷도 만들어서 입힌다고 했다. 육아와 살림마저 천직처럼 잘하고 또 좋아하는 모습에 나는 그 친구가 그저 행복하게 살 거라고 생각했다.

그러던 어느 날 그 친구와 통화하게 되었다. 평일 낮이니까 편하게 통화할 수 있으리라 생각하고 친구에게 전화를 걸었다.

"윤정아, 뭐해?"

"지영아, 나 지금 아르바이트해. 나 몇 주 전부터 동네 옷 가게에서 일하고 있어."

"아르바이트를 한다고? 왜 아르바이트를 해? 안 해도 괜찮지 않아? 너 살림하는 것도 좋아하잖아."

"나 사실…, 정말 죽을 것처럼 우울했어."

친구는 그동안 '나라는 사람' 없이 사는 것 같았다고 했다. 12년간 그저 남편 출근 시키고, 아이들 뒤치다꺼리와 집안일만 하면서 살았다고 말이다. 그저 행복하게 산다고만 생각했던 친구가 그렇게 말해서 너무 놀랐다.

"뭐라도 다른 일을 하지 않으면 안 될 것 같아서 아르바이트를 하겠다고 했어. 월급은 100만 원 정도밖에 안 되지만, 내 이름으로 된 통장에 숫자가 찍히는 게 너무 신나는 거 있지. 몸이 조금 힘들긴 해도 10년 만에 나다운 무언가를 하는 거 같아서 너무 좋아."

그러면서 그녀는 옷 가게에서 일하면서 경험을 쌓다가 나중에는 자신의 가게나 쇼핑몰을 할 거라고 했다.

"살림 말고는 이제 내가 할 수 있는 건 없다고 생각했는데, 주인 언니가 나보고 꽤 잘한다고 하더라. 이런 일 해보고 싶었는데 아르바이트라도 하게 돼서 너무 좋아. 게다가 돈도 모을 수 있고 말이야. 안 그래도 첫 월급 타서 아이 아빠한테 작은 선물을 했는데, 그게 그렇게 뿌듯하더라."

살다보면 일상의 무게로 내가 잘하던 일, 좋아하던 일 등이 모두 사라진 것처럼 느껴질 때가 있다. 이때 중요한 것은 '살림하고 애 키우면서 내가 무슨…'이라는 생각으로 나라는 사람이 갖고 있는 장점과 강점의 불씨를 사라지게 해서는 안 된다는 것이다. 그동안 우울의 터널속에서 빠져나오지 못하던 윤정이는 자신을 다시 발견하기 시작하면서 긴 터널에서 나오게 되었다. 강점은 결코 사라지지 않는다. 내면의 시련 속에서 더욱 강해질 뿐이다.

부자가 되기 위해
필요한 세 가지

나는 사단법인 그루맘에서 미혼모 재무 코칭, 고용노동부에서 육아휴
직자 재무 코칭, EBS에서 재무 코칭 프로그램 등을 진행했다. 보통은
첫 미팅 시간 전에 멘티들에게 사전 질문을 한다. 질문지에는 재무 현
황에 대한 질문도 있고 재무 심리에 대한 질문도 있다. 예를 들면 다음
과 같은 것들이다.

- 사람들은 나에게 (   )을 가장 잘한다 또는 소질이 있다고 말한다.
- 지금까지 내가 가장 성공적으로 이뤄낸 일은 (   )이다.
- 현재 내가 가장 하고 싶은 일은 (   )이다.

다음은 실제로 멘티들이 말한 답변들이다.

답변 A

- 사람들은 나에게 (들어본 적이 없는 거 같아요ㅠㅠ)을 가장 잘한
  다 또는 소질이 있다고 말한다.
- 나는 평소에 혼자 있을 때 (정리해야 했는데…)라는 생각을 자
  주 한다.
- 나는 평소에 남들과 대화할 때 (…했더라면 이랬을 텐데…)라는
  말을 자주 한다.

답변 B

- 지금까지 내가 가장 성공적으로 이뤄낸 일은 (학교에서 오래달
  리기 1등해서 전국체전에 나간 일)이다.
- 현재 내가 가장 하고 싶은 일은 (시간적 여유가 있는 프리랜서)이다.

질문지에 대한 답만 봐도 그 사람의 재무 상태와 심리 상태를 추측
할 수 있다. 각자 가장 많이 하고 있는 생각을 바탕으로 질문을 해석하
고 답하기 때문이다. 나는 다양한 답변들을 보면서 삶에 대한 태도가
경제적 수준을 결정짓는 요소가 된다는 점을 확신했다. 그리고 답변을
읽으며 이분은 어떤 삶을 살아왔을까 상상해본다. 답변 A를 주신 분은
어린 시절 어려운 환경에서 자라 자신감을 갖지 못하게 됐을지도 모른

다. 답변 B를 주신 분은 두 번째 문항에서 '현재 내가 하고 싶은 일은 시간적 여유가 있는 프리랜서'라고 답했는데 여기서 본인이 하고자 하는 분야가 구체적이지 않다는 점을 알 수 있다. 목표가 없으니 활시위를 당겨야 할 이유가 없다. 이분의 답변을 보면 현 상황에서 벗어나고 싶어 하는 것을 느낄 수 있지만 어디로 가야 할지 잘 모르고, 변화를 일으킬 수 있는 에너지까지 느껴지지는 않는다.

나는 원룸 빌라, 옥탑방 등을 전전하는 동안 부자와 빈자를 가르는 차이는 무엇일지 늘 고민했다. 많은 책을 읽고 주변 사람들을 관찰하며 전문가들의 강의를 듣고 또 상담도 하며 이에 대해 오랜 시간 생각했다. 그러면서 그 차이를 만들어내는 몇 가지 요인에 대해 확신을 갖게 되었다. 그중 가장 핵심적인 세 가지를 짚어보고자 한다.

부자와 빈자의 차이를 만들어내는 세 가지

- 나에 대한 믿음(자존감)
- 목표(꿈)
- 실행력(용기)

첫째, 부자와 빈자를 가르는 것은 나 자신에 대한 믿음이다. 얼마 전 한 친구가 내게 물었다.

"지영아, 전세 만기도 다가오는데 걱정이 많다. 요즘은 어디에 투자하는 게 좋아?"

친한 친구라 사뭇 진지하게 답을 해주었는데 친구가 한숨을 쉬며 말했다.

"나는 부동산 보는 눈도 없고…. 그냥 가만히 있는 게 낫겠다."

사실 과거의 나는 이보다 더 부정적이었다. 나 자신에 대한 의심과 회의감에 젖어 있을 때가 많았다. 때로는 인정사정없이 자신을 깎아내리기도 했다. 그 결과 얻은 것은 좌절과 우울이었다. 나는 어느 순간 깨달았다. 내가 나를 믿어주지 않는 한 그 어떤 변화도 만들어낼 수 없다고.

경제적 자유를 누리고 싶다면 자신을 믿어줘야 한다. 그리고 자신의 능력과 흥미를 잘 찾아내야 한다. 나는 첫 책《엄마의 돈 공부》에서 '나 자신을 믿을 때 돈이 모이기 시작한다'고, 두 번째 책《엄마의 첫 부동산 공부》에서도 '최고의 재테크는 나에 대한 믿음으로 완성된다'고 강조한 바 있다.

둘째, 명확한 목표가 있어야 한다. 강연 중에 '현재 내가 하고 싶은 일은 (　)이다'라는 질문을 하면 막연하게 '프리랜서, 카페, 농사 등'이라는 답변이 많은데, 이 답변에 대해 다시 질문을 던졌을 때 구체적인 창업 계획을 갖고 있는 분은 없었다. 저 세 가지가 다른 일에 비해 자유로워 보이고 낭만적으로 보이기 때문에 혹은 표면적인 이미지가 좋아보여서 그렇게 답한 경우가 많았다. 반면 재무 관리가 잘되는 분들은 미래에 대한 계획을 물으면 구체적인 커리어 계획이 연 단위로 분명하게 잡혀 있는 경우가 많다. 분명한 목표를 가지면 생활이 바뀌고 삶이 변한다. 목표가 구체적이고 분명할수록 목표를 이룰 수 있는 방안을 찾기 쉬워지며 나아가 실행해야 할 것이 명확해지기 때문이다.

셋째, 실행력의 차이다. 나 역시 실행을 주저했던 순간이 헤아릴 수도 없이 많았다. 머릿속으로는 백번도 더 실행했지만 정작 첫발을 떼는 게 너무나 어려웠다. 처음 부동산 투자를 했을 때도 그랬다. 부동산중개소에 들어가는 일조차 큰 용기를 필요로 했다.

'내가 부동산을 너무 모르니까 바가지를 쓸지도 몰라. 엄마한테 대신 가달라고 할까? 남편 퇴근하면 같이 가는 게 좋겠다.'

처음은 모든 것이 힘들고 서툰 법이다. 그래서 무엇 하나 실행하는 데 커다란 고비처럼 느껴진다. 이를 극복하기 위해서는 내가 왜 이것을 해야 하는지 되새기면서 절실한 마음을 갖는 것이 중요하다. 나 역시 돈 때문에 전전긍긍하며 사는 삶에서 벗어나고 싶다는 절실함이 있었기 때문에 더 많은 책을 읽고 더 많이 조사하고 더 많은 강의를 들으며 노력할 수 있었다. 두려움을 이기고 일단 무엇이든 시작해보자고 용기를 낼 수 있던 비결도 바로 이것이다.

참고로 어떤 일을 실행하는 데 있어 준비가 완벽하게 되어 있어야만 한다고 생각하는 사람이 있는 것 같다. 수많은 선택을 하고 도전을 해오면서 깨달은 것이지만, '시작'만이라도 할 수 있다면 일단 한번 해보는 것이 훨씬 낫다. 시간이 길어질수록 열정이 식고 용기와 자신감을 잃기 쉽다. 그것이 지속되면 아무런 시도조차 하지 못하게 된다. 그러니 목표한 바가 있다면 일단 시작하고, 하면서 수정해나가길 권한다.

누구나 다 시행착오를 겪고 부끄러움을 느끼면서 시작한다. 조금씩 경험을 쌓고 조금씩 보완해나가면서 실력을 쌓아간다면 비록 아주 작은 차이일지라도 어제보다 더 나은 오늘을 맞이할 수 있다.

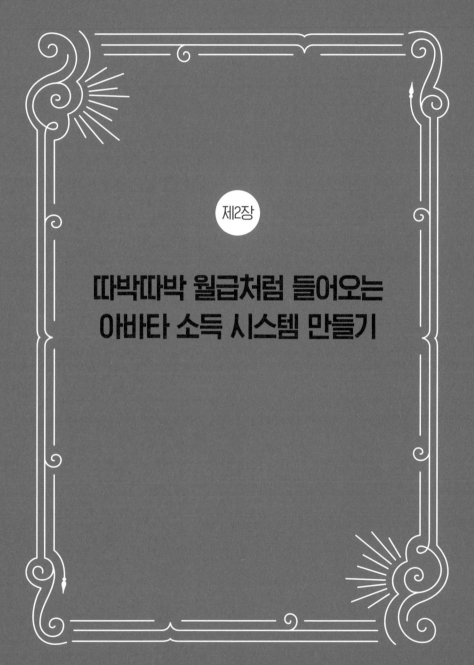

제2장

따박따박 월급처럼 들어오는
아바타 소득 시스템 만들기

엄마는 단 50만 원이라도
꾸준히 들어오는 소득을 원한다

"큰애가 이번에 중학교 올라가는데 학원비도 빠듯하네요. 마트에서 과일 판매할 사람 찾던데 그거라도 해보려고요."

"내년에 집주인이 전세금 올린다고 해서 큰일이에요. 애들 아빠가 퇴근 후랑 주말에 대리운전까지 하고 있는데 그걸로는 대출이자 갚기도 막막해요. 저도 이제 퇴근하고 집에서 할 수 있는 부업이라도 찾아봐야겠어요."

이런 상황에서 엄마라면 누구나 추가적인 수입을 원한다. 그렇다고 엄마들이 엄청난 수입을 원하는 것은 아니었다. 수많은 재무 상담을 하면서 알게 된 것이지만 연령이나 성별, 현재 수입과 재무 상태 등에 관계없이 엄마들은 대체로 비슷한 것을 원했다.

"더도 말고 덜도 말고 지금보다 월 50만 원만 더 벌 수 있으면 좋겠어요."

전업주부라면 집안일과 육아를 하면서 50만 원이라도 벌 수 있는 일거리를 찾고, 워킹맘은 투잡이 됐건 재테크가 됐건 50만 원 정도 추가 수입을 올릴 방법을 찾고 있었다. 약간의 차이는 있어도 월 40만 ~50만 원 정도면 현실적으로 가능하면서도 당장 숨통이 트일 만한 금액이라 여기는 듯했다. 사실 1억 원을 예금으로 넣어놔도 요즘 평균 금리가 2퍼센트임을 감안하면 50만 원은커녕 10만 원 정도의 이자밖에 못 받는다. 월 40만~50만 원이 재무 관리에서 적은 금액은 절대 아니다.

나는 이런 분들에게 꼭 이렇게 이야기한다.

"당연히 그렇게 하실 수 있어요. 단, 일하는 시간을 늘릴 생각을 하기보다 일하지 않아도 돈이 들어오는 '소득 시스템'을 만드는 게 더 중요해요."

그렇다. 금액보다 중요한 것은 이를 어떻게 벌 것인지와 꾸준하게 벌 수 있느냐 하는 점이다. 당장 수백만 원을 벌더라도 단발성에 그친다면 장기적으로는 큰 도움이 되지 않는다. 하지만 단돈 10만 원이라도 꾸준히 들어온다면 계획적인 소비가 가능하고 저축을 하기도 쉽다.

그러나 우리가 흔히 돈을 버는 방법인 '시간과 노력을 들여 일한 만큼 버는' 방식은 오래가기 힘들다. 집에서 엄마 역할만 해도 벅찬 상황에서는 더더욱 그렇다. 그래서 내가 일하지 않더라도 돈이 들어오는 소득 창출 시스템을 만들어야 한다. 바로 '아바타 소득 시스템'이다.

'일하지 않아도 돈이 들어온다'고 하면 흔히 부동산이나 주식을 생각하는데, 꼭 그것만이 답은 아니다. 종잣돈이 없어도 이미 가지고 있는 강점을 발견하고 개발하는 '강점 재테크'를 통해 새로운 소득을 만들어낼 수 있다.

소득 창출을 위한 가장 튼튼한 종잣돈, 엄마의 강점

새로운 소득을 만드는 다양한 방법 중에서도 나는 강점 재테크를 통한 소득 시스템을 강조할 것이다. 이유는 소득을 얻을 수 있다는 것뿐 아니라 다음과 같은 다섯 가지 장점이 있기 때문이다.

첫째, 강점을 통해 만든 소득 시스템은 시간이 갈수록 굳건해진다. 물론 어떤 시스템이든 만들어둔 후 방치하면 금세 힘을 잃는다. 그러니 끊임없이 다시 살피고 보완하는 과정은 필수다.

"그런데 그렇게 계속해서 뭔가를 해야 한다면 시스템을 갖추는 게 무슨 소용이에요?"

이렇게 묻고 싶을지도 모른다. 하지만 일한 시간만큼 돈을 받는 것보다는 시스템이 무리 없이 돌아가도록 기름칠하는 편이 시간도 덜 들이면서 더 큰 수입을 올릴 수 있는 방법이다. 정해진 시간만큼 일해야 하는 헤어숍 직원보다 헤어숍 사장이 훨씬 적은 시간 동안 일하면서도 더 많은 돈을 번다는 점을 명심하자.

둘째, 강점 재테크를 통해 소득 시스템을 만들고 발전시키는 과정은 제4장에서 다룰 경제적 자유로 가는 길을 열어주는 밑거름이 된다. 뒤에서 더 자세히 설명하겠지만 강점을 브랜드화한다는 건 그전에 하던 일과 다른 업을 창출하는 것으로서 새로운 기회가 열리는 관문이기도 하다. 이는 당연히 자신만의 노하우와 경험이 있어야만 가능한 일이다. 강점을 발견하고 개발에 소득 시스템을 만들고 이를 이어가다 보면 자연스럽게 특별한 경험을 하게 되고 나만의 노하우를 얻을 수 있다.

나 또한 회사에서 일하던 시절에는 정해진 근무 시간만큼만 일하고 정해진 월급만큼만 받았다. 그리고 계속해서 '하던 일'만 했다. 하지만 지금의 나는 엄마들을 대상으로 한 재무 관련 강의와 방송에 가장 많이 초대되는 사람이 되었다. 완성되었다고는 할 수 없지만 나 자신이 어느 정도 브랜드가 되어가는 중이라고 할 수 있다. 이 모든 것은 나의 강점이었던 공감 능력과 글쓰기, 여성이자 엄마로서의 특성을 살린 부동산 투자법을 각각 소득 시스템으로 만든 결과였다. 그 결과 이전에는 한 번도 생각해보지 못했던 새로운 업이 내 앞에 열렸다.

셋째, 강점 재테크를 통한 소득 시스템은 자존감을 높여준다. 사실 강점 재테크 자체가 자신을 돌아보고 '진짜 나'를 찾아가는 과정이자 스스로를 성장시키는 과정이기도 하다. 약점에만 집중해 자신을 깎아내리던 것을 멈추고, 강점에 집중해 자신의 가치를 인정하는 것부터 강점 재테크가 시작되기 때문이다. 나는 충분히 가치가 있는 사람이고 남들 못지않은 능력의 소유자임을 인정하기만 해도 자존감은 올라간다. 여기서 더 나아가 이런 강점을 통해 수입까지 올린다면? 스스로가 더 대견스러울 것이고 자존감은 더욱 올라갈 수밖에 없다.

넷째, 경제적 자유와 행복을 안겨준다. 물론 강점 재테크와는 무관하게 로또에 당첨되거나 유산을 상속받아 경제적 자유를 얻을 수도 있다. 하지만 누구나 자신의 손으로 이룬 것에 더 큰 만족을 느끼는 법이다. 이케아가 그리 저렴하지도, 제품이 튼튼하지도 않은데도 불구하고 세계 시장을 휩쓴 이유가 '불편함' 덕분이라지 않던가. 제품에 따라 조립에 몇 시간이 걸리기도 하는데, 그렇게 자신의 손으로 직접 만든 물건들에는 더욱 애착이 생기는 법이다.

경제적 자유 역시 마찬가지다. 내가 직접 나의 강점을 갈고닦아 만들어낸 경세적 자유와, 하늘에서 뚝 떨어지듯 생겨난 경제적 자유는 그 무게감도, 만족도도 다를 수밖에 없다. 더구나 앞서 말한 자존감까지 더해진다면 강점 재테크를 통한 경제적 자유는 당신을 몇 배나 더 행복하게 만들어줄 것이다.

다섯째, 지속 가능성이 높다. 누구든 자신이 하고 싶은 일, 좋아하는 일, 잘하는 일을 할 때 성과가 좋기 마련이며 더 오랫동안 지치지 않고 해나갈 수 있다. 그렇기에 강점 재테크를 통한 소득 시스템은 한번 갖춰지면 유지하기도 훨씬 쉽다.

돈보다 가치를 창출하라

한번은 장수 TV 프로그램 〈아침마당〉에서 '엄마의 돈 공부'라는 주제로 강의를 하게 되었는데 이런 질문을 받았다.

"돈이 있어야만 행복하다고 생각하시나요?"

그때 나는 내가 행복했던 순간을 떠올려봤다. 어렸을 적 부모님은 차가 없는데도 거의 매년 우리 남매를 데리고 고속버스를 타고 동해로 피서를 갔다. 바닷가에 가서 2인용 작은 텐트를 설치하고 밤이 되면 밤바다를 바라보며 엄마와 함께 텐트 앞에서 파도 소리를 들었다. 당시 우리의 숙소는 늘 공용 샤워실을 쓰는 허름한 방이었다. 그렇지만 동생과 나는 그렇게 텐트에서 놀고 모두 함께 방에서 자는 것이 그저 너무 재미있고 행복했다. 그때 봤던 밤바다의 추억은 30년이 지났지만 지금도 여전히 웃음이 나고 애틋한 기억이다.

돈은 '사랑, 나눔, 솔루션'이라는
가치를 품을 때 더 강력해진다

우리 삶에 돈은 꼭 필요하다. 그저 필요하기 때문이라면 새로운 소득을 만든다고 해서 우리 삶이 이전과 크게 달라지지 않을 것이다. 더 즐거워지거나 행복해지지 않을 것이다. 돈은 필요성을 넘어 추가적인 가치를 품고 있을 때 위력을 발휘한다.

비슷한 맥락에서 사람들은 점점 보다 가치 있는 것에 돈을 지불하기를 원한다. 단순한 필요성뿐 아니라 의미와 가치를 지닌 것에 지갑을 연다. 이런 관점은 우리의 강점을 발견하고 개발해 새로운 소득을 만드는 과정에도 적용해볼 수 있다. 단순한 필요성을 넘어 어떤 가치를 품고 있어야 하는지 알아야 새로운 소득을 얻는 데에 가치 있는 강점을 찾아낼 수 있다.

앞선 어린 시절의 이야기는 그에 관한 힌트를 담고 있다. 돈이 필요성을 넘어 우리의 삶을 행복하게 해주기 위해서는 무엇이 필요할까? 돈은 다음과 같은 세 가지 가치를 품고 있을수록 강력해진다.

첫째, 돈은 '사랑'이라는 가치를 품고 있어야 따라온다. 지금 당신에게 묻고 싶다.

"당신이 행복했던 순간은 언제였나요? 그 장면 안에 돈이 연결되어 있었나요?"

적은 돈으로는 과연 행복할 수 없는 것인가? 그렇지 않다는 사실을 40대를 지나고 있는 나는 알고 있다. 누군가 임종을 앞두고 있거나 세상을 떠날 때 우리는 그 사람의 자취와 흔적, 그 존재 자체에도 감사하게 된다. 그 순간 돈을 주면서 그 사람을 기쁘게 해주려는 사람은 없을 것이다. 돈으로 그 사람과 마지막으로 좋은 시간을 보내기 위한 여행을 가거나, 그 사람이 정말 좋아하는 꽃을 사서 안겨줄 수는 있다. 여기서 본질은 돈의 액수나 돈 자체가 아니라 사랑이다. 이처럼 사랑은 인간의 가장 원초적인 본능이며, 가장 본질적인 행복이기도 하다.

물론 많은 엄마들이 돈이 행복을 보장해주지 않는다는 것을 알면서도 종종 돈으로 아이들에게 추억을 심어주고 싶어 한다. 그런데 고가의 게임기를 쥐어준다고 아이가 더 행복해질까? 고급 브랜드의 티셔츠를 입는다고 아이가 더 행복해질까? 어쩌면 아이들이 바라는 건 택배 상자 하나를 가지고 함께 가위로 자르고 테이프로 붙여가며 집을 짓고 신나게 노는 것일 수도 있다.

둘째, 돈은 '나눔'이라는 가치를 품고 있어야 따라온다. 지금까지 네 권의 책을 쓰고 강연을 시작하면서 내 시간당 소득이 세 자릿수를 넘어가고 있다. 그에 비해 과거의 나는 어찌 보면 '평범함'보다도 못한 삶을 살았다. 신혼 때는 원룸에서 생활했고, 둘째 태어나고는 두 아이를 데리고 옥탑방을 전전했다. 그리고 어렸을 때부터 우리 가족의 돈 문제는 내 마음을 아프게 했다. 언제나 늦게까지 쉬지 못하고 일하던 어머니의 뒷모습은 지금 떠올려도 가슴이 아프다. 또 늘 집안의 소소한 부분까지 직접 고치고 정리하던 아버지의 뒷모습도 나의 마음을 애잔하게 한다. 그랬던 나도 삶을 바꿀 수 있었다. 그 이유는 무엇이었을까?

바로 나의 경험과 생각을 나누기 시작했기 때문이다. 내가 가지고 있는 경험과 지식으로 사람들에게 도움이 되고 싶었다. 돈 문제가 나를 힘들게 했듯이, 같은 문제로 힘들어하는 사람들이 그 고통에서 벗어날 수 있도록 돕고 싶었고 용기를 주고 싶었다. 그렇게 나는 한 걸음씩 나아가기 시작했다.

대한민국의 수많은 엄마들이 경력 단절을 겪는다. 아이까지 있는 상태에서 재취업을 하기는 하늘의 별 따기라고 할 수 있다. 다시 회사에 들어가는 게 꼭 최선은 아닐 수 있다. 그렇다면 어떻게 해야 할까? 내가 나눌 수 있는 게 무엇인지 돌아보는 것이다.

최근 많은 사람들이 유튜브 수입에 관심을 갖는다. '1개월 만에 유튜브로 몇백만 원 벌기'같은 강좌는 늘 순식간에 마감되곤 한다. 그런데 나는 유튜브 크리에이터들의 수입도 '사랑, 나눔, 솔루션'이라는 가치를 품을 때 올라간다고 생각한다.

지금은 너무 유명해져서 '국민 할머니'가 된 박막례 할머니의 유튜브를 보자. 큰 인기를 끌고 있는 이 유튜브가 시작된 계기는 무엇일까? 바로 '사랑'이었다. 할머니한테 치매가 올까 봐 걱정되어 함께 여행을 가고 동영상 촬영을 시작했던 손녀의 사랑이 큰 동기가 되었던 것이다.

박막례 할머니는 콘텐츠를 위해 억지로 뭔가를 꾸미기보다 그저 갖고 있는 것을 나누고 싶어 한다. 무엇을 나눌까? 본인의 '생각'과 '경험'을 나눈다. 할머니의 메이크업 영상을 보자. 현란한 영어로 된 화장품 이름을 할머니 식대로 하나씩 읽어주는 것도 너무 재밌다. 어쩌면 그 재밌는 장면이 우리 사회의 단면을 보여주고 있는지도 모른다. 우리는 전에 쓰던 화장품과 별반 다를 바 없어도 유명한 브랜드거나 신상이라고 하면 특별하다는 생각에 덥석 구매하기도 한다. 그러나 할머니는 본인의 스타일로 화장을 한다. 조금 투박하다고 느낄 수도 있지만, 너무나 자연스럽고 당당한 할머니의 스타일은 충분히 매력적이다.

어쩌면 당신은 이렇게 생각할지 모른다.

'내가 나눌 것이 뭐가 있겠어?'

유튜브를 보면 그들이 나누는 것이 꼭 굉장한 지식이나 정보가 아니다. 우리는 '내가 가진 것을 나누는 일' 자체가 콘텐츠가 되는 세상에 살고 있다. 가전제품을 어떻게 작동시켜야 할지, 다른 상품과 어떻게 다른지 모르는 사람들을 위해 제품을 써보고 비교해주는 방송, 은퇴를 앞둔 사람들의 재정 근심을 해소해주는 조언을 담은 방송, 갈 길을 몰라서 방황하는 청년들에게 여러 가지 길을 제시해주는 방송, 상처로 마음이 힘들어서 고통스러운 사람들을 위한 방송, 왕초보를 위한 메이크업 정보를 담은 방송, 건강 때문에 걱정하는 사람들을 위한 건강 정보를 담은 방송 등 모두가 살아 숨 쉬는 콘텐츠다.

그러니 당신만의 경험과 지식을 나누면서 돈으로 이어질 수 있는 일 역시 무궁무진하다. 내가 나눌 수 있는 뭔가를 찾아내는 것, 이미 있지만 그동안 가려져 있는 그 가치를 찾아내는 것 역시 부자가 되는 첫걸음이다.

셋째, 돈은 '차별화된 솔루션'이라는 가치를 품어야만 따라온다. 그동안 수많은 강연과 멘토링을 진행하면서 참여한 분들이 어떻게 하면 새로운 수입을 창출할 수 있을지 고민을 수없이 해왔다. 나는 사람들에게 세 가지 단계를 밟게 한다. 첫 단계에서는 자신의 삶 속에서 어떤 '감정'을 불러일으켰던 경험을 되살린다. 두 번째 단계에서는 자신의 경험이나 지식에서 '나눔'으로 전환될 수 있는 것을 찾는다. 그리고 세 번째 단계에서 '차별화된 솔루션'을 갖추도록 한다.

차별화 방법 한 가지는 내가 솔루션을 주고자 하는 대상의 범위를 좁히고 축소하는 것이다. 대상이 세분화되고 구체적일수록 전문성을 인정받고, 여기서 목표 고객에게 사랑을 받기 시작하면 자연스럽게 다른 고객으로도 확산되어 시장을 넓혀갈 수 있다.

특히 나의 강점을 통해 수입을 창출하고 부를 쌓기 위해서는 차별화가 가장 중요하다. 첫 책《엄마의 돈 공부》가 성공할 수 있었던 것 역시 차별화로 경쟁력을 갖추었기 때문이다. 이전까지 엄마들의 재테크라면 주로 '절약'을 떠올렸다. 또 엄마들을 위한 책 콘텐츠는 대부분 육아와 요리 등을 다루고 있었으며 재테크 분야는 거의 없었다.

나의 강점은 재테크와 투자였다. 그러나 나의 강점만 생각하고 책을 썼다면 아마도 수많은 재테크 저자 중 한 명이 되었을 것이다. 나는 독자층을 더 세분화해서 강점을 더 강력하게 만들었다. 내가 엄마이기 때문에 더 잘 알 수밖에 없는, '3040 엄마'들을 위한 재테크 솔루션을 다룬 것만으로도 효과적인 차별화가 되었던 셈이다.

돈을 버는 네 가지 유형

본격적으로 강점을 활용해 새로운 소득을 만드는 방법을 알아보기 전에 먼저 점검해봐야 할 것이 있다. 바로 내가 어떤 유형으로 돈을 벌 수 있는가 하는 것이다. 일시적인 소득이 아니라 꾸준히 따박따박 들어오는 소득을 원한다면, 나아가 궁극적으로 저절로 굴러가는 아바타 소득 시스템을 구축하려면 한 번은 고려해야 할 사항으로 그 의미가 크다.

당신이 원하는 소득 창출 유형을 선택하라

새로운 소득을 창출하는 유형은 다음의 표처럼 나눠 볼 수 있다.

소득 창출 유형 네 가지

W(Work)유형	**B(Branding)유형**
급여를 통해 소득 창출	무형 자산인 브랜딩을 바탕으로 소득 창출
(직장인, 프리랜서, 전문직 등)	(연예인, 작가, 운동선수 등)
S(System)유형	**P(Platform)유형**
시스템을 구축하여 소득 창출	플랫폼을 구축하여 소득 창출
(투자자, 기업체 사장, 1인 기업가 등)	(거래중개인, 판매 네트워크, 플랫폼 소유자 등)

W유형에는 직장인, 프리랜서, 전문직 등이 속한다. 이들은 시간당 급여가 책정되어 정해진 시간 일을 하고 약속된 보수를 받는다. 직종이나 기업체에 따라 다르지만 일반적으로 투입되는 시간에 비례하여 급여가 주어지기 때문에 소득을 빠르게 늘이는데 한계가 있다.

B유형에는 연예인, 예술가, 운동선수 등이 속한다. 이들은 무형자산인 브랜딩을 바탕으로 소득을 창출한다. B유형의 경우 자신의 브랜드를 만들기까지 시간이 상당히 소요된다. 그러나 일단 브랜딩에 성공하면 W유형에 비하여 훨씬 적은 시간을 투입해 수입을 창출할 수 있다. 예를 들면 운동선수의 경우, 훈련 시간과 시합 출전 시간 등 상당한 시간이 투입된다. 특출한 성적을 내지 못한다면 소득도 적다. 그러나 꾸준하게 좋은 기량을 보인다면 몸값은 천정부지로 치솟는다. 해외로 진출할 경우 엄청나게 높은 연봉을 받기도 한다. 베스트셀러 작가인 조앤

롤링의 경우, 작가이지만 책이 베스트셀러가 되고 영화화 되면서 엄청난 수입을 올리게 되었다. B유형의 경우, 자신의 고유한 강점 영역에서 노력을 기울여서 수입이 발생된다. 특정 재능과 강점을 갈고 닦아서 수입으로 이어진 경우이다. 수입은 시간의 제약 없이 늘어날 수 있다.

S유형에는 투자자, 개인 사업가, 기업 대표 등이 속한다. 예를 들면 중국에서 상품을 수입하여 국내에서 판매하는 무역업을 운영하는 대표가 있다. 처음에는 어떠한 상품을 수입해야 할지 조사하고 수입 단가를 맞추기 위해서 많은 시간을 할애하게 된다. 또한 국내 판매 시스템인 사이트 구축 또는 물건 등록 등 시간이 소요된다. 그러나 일단 판매 시스템이 구축되고 판매가 시작되면 온라인 거래 시스템과 직원들을 통해서 대부분의 일이 처리된다. 또 다른 예로 투자가가 있다. 부동산 투자를 통해서 임대 수입을 얻고자 할 경우, 처음에는 어떤 임대 물건을 매수해야 할지 물건 조사에 시간을 많이 할애하게 된다. 또한 세입자에게 임대를 하는 것도 시간이 소요된다. 그러나 일단 임대가 완료되면 시스템을 통해 수익이 창출된다. 수입은 시간의 제약 없이 늘어날 수 있다.

P유형은 자신만의 플랫폼을 만들어내는 유형으로, 에이전트 사업을 하는 사람이나 판매 네트워크를 소유한 사람 등이 여기에 포함된다. 예를 들어 집에서도 틈틈이 부업을 하고 싶다면 재능넷, 오투잡 등 재능 거래 사이트를 이용할 수 있다. 사이트에 가입한 후 자신의 재능과 작업 비용을 사이트에 올려두면 해당 재능을 필요로 하는 사람이 일을

의뢰한다. 맡은 일을 정해진 기한 안에 완료하면 미리 결제되어 있던 금액 중 수수료를 제외한 돈이 입금된다. 이때 재능 거래 사이트는 '판'을 벌이고 수수료로 수입을 올리는 플랫폼 소유자다.

SNS와 유튜브가 성장하면서 상품을 홍보해주고 수수료를 받는 개인도 점점 늘고 있다. 또 유튜브로 방송을 보다 보면 중간에 광고가 삽입된 경우가 많은데, 이는 해당 유튜버의 수입이 된다. 이때 유튜버 역시 자신의 플랫폼(유튜브 채널)을 통해 수입(광고 수수료)을 올리는 플랫폼 소유자가 되는 것이다. 인터넷 커뮤니티도 이 P유형이라 할 수 있다. 엄마들이 자주 들어가는 맘카페 중 회원 수가 많고 활동이 활발한 곳에 들어가 보면 광고가 많이 걸려 있다. 해당 커뮤니티의 주인은 이런 광고로 소득을 얻는다.

WBSP 중에서 어떤 유형을 택할 것인지는 각자의 몫이다. 네 가지 유형 각각 장단점이 있고 경우에 따라 자신의 힘으로는 도저히 창출하기 어려운 유형도 분명 있을 것이다. 하지만 저절로 굴러가는 아바타 소득 시스템을 갖추고 싶다면 S 또는 P유형으로 가야 한다. 1, 2사분면의 WB유형은 자신의 시간과 노동력 중 하나라도 투입을 멈추는 순간 소득이 제로가 되기 때문이다. 반면 3, 4사분면의 SP유형은 타인의 시간과 노동력을 활용하기에 내가 일을 멈춰도 소득이 바로 끊이지 않는다. 또 활용할 수 있는 노동력이 타인들로 확장되기 때문에 소득도 훨씬 커질 수 있다.

진정한 의미에서 경제적 자유를 누리고 싶다면 WB유형에서 시작하더라도 시스템을 만들어 S유형에서 소득이 발생되도록 해야 한다. 그리고 그 과정에서 P유형의 플랫폼으로 확장되거나 변형될 수 있는 가능성을 열어두는 게 중요하다.

아바타 소득 시스템을 만드는
시크릿 리치 플랜

'아바타 소득'이라는 개념은 첫 책《엄마의 돈 공부》에서 이미 소개한 바 있다. 그리고 두 번째 책《엄마의 첫 부동산 공부》에서는 아바타 소득에 대한 2차 정의를 내렸다.

아바타 소득이란?

- 1차적 의미: 나를 대신해 수입을 만드는 시스템
- 2차적 의미: 내 안에 존재하는 개성과 장점을 끌어냄으로써 '나'를 유일한 브랜드로 만들고, 그렇게 창조한 '나'라는 브랜드를 통해 자동으로 수입을 창출해내는 시스템

아바타 소득에는 크게 임대업, 사업, 배당주 등이 있다. 반드시 사업이나 주식이 아닐지라도 드라마 시나리오 작가가 되어 높은 수입을 얻는 사람도 있다. A라는 사업과 B라는 사업을 연계해주면서 수입을 얻는 사람도 있다. 이처럼 우리는 서비스 연결과 제공을 통해, 즉 아이디어를 통해 돈이 창출되는 것이 가능한 시대에 살고 있다.

여전히 아바타 소득이 자신과 먼 얘기라 생각될지도 모른다. 주변에서 그렇게 돈을 버는 경우를 보지 못했다면 더더욱 그럴 것이다. 그러나 누군가는 직장에서 상사의 닦달에 시달리며 전혀 하고 싶지 않은 일 때문에 밤샘을 하는 동안, 누군가는 그 자리를 지키지 않아도 되는 아바타 소득을 얻고 있다.

어떻게 시작하면 될까

결혼과 동시에 직장을 그만두고 알뜰하게 가계부를 쓰면서 육아에 전념한 친구가 있었다. 그런데 어느 날 청천벽력 같은 소식을 들었다. 남편이 회사를 그만둔 것이다. 부장 때문에 기분이 나빠 더는 못 참겠다면서 사업을 하겠다는 남편을 보며 친구는 발만 동동 굴려야 했다. 다행히 퇴직금이 어느 정도 있었고, 남편은 몇 달 후 다른 곳에 재취업할 수 있었다. 그렇지만 언제 또다시 회사를 그만두고 사업을 하겠다고 나설지 모른다는 생각에 친구의 마음은 불안하기 그지없었다.

그때부터 친구는 아이들 대학교 학비라도 벌어야겠다는 생각에 며칠 밤을 지새웠다. 할 수 있을 만한 여러 가지 일을 알아봤지만 10여 년을 전업주부로 지낸 그녀가 할 수 있는 일은 많지 않았다. '내가 무엇을 할 수 있을까?' 고민은 계속 되었다. 그 친구는 종종 사람들에게 요리 솜씨가 뛰어나다는 말을 듣곤 했다. 명절 때면 자진해 요리를 도맡기도 했고, 아이들에게 맛있고 다양한 음식을 해주는 데 큰 보람을 느꼈다. 지인들이 자주 '음식점 해도 되겠어요!'라면 칭찬을 했던 말이 떠올랐다. '요리 실력으로 할 수 있는 일이 있을까?'라고 결심을 굳히게 되었다.

1단계 : 강점 분야/주제 정하기

요리 실력을 이용해서 할 수 있는 일을 알아보니 출장 요리사, 요리 강습, 반찬 가게 등이 있었다. 출장 요리의 경우 시간당 수입은 높았지만 장거리 이동이 많아 육아에 영향이 갈 것 같았다. '요리 강습을 해보면 어떨까?' 작게 요리 클래스를 시작한다면 육아와 살림을 하면서도 물리적으로 시간적으로도 부담이 덜 할 것 같았다.

2단계 : 로드맵 만들기

친구는 아파트 단지 내에 광고를 냈고, 지인들의 소개로 요리 강습을 시작했다. 신선한 재료와 다양한 집밥 메뉴로 클래스를 운영하자 동네에서 금방 입소문이 났다.

3단계 : 니즈 및 트렌드 파악하기

요리 강습을 꾸준히 하다 보니 바쁜 워킹맘들에게 웰빙 푸드에 대한 니즈가 있음을 발견하게 되었다. 유기농 반찬가게를 열어보면 어떨까?'라는 아이디어를 떠올렸다. 인기 메뉴를 조사하고 트렌드를 파악하기 시작했다.

4단계 : 차별화된 솔루션 만들기

적절한 상가를 찾아 웰빙 반찬 가게를 열었다. 맛도 있고 건강에도 좋은 웰빙 메뉴들로 단지 내에서 입소문이 나게 되었다. 다른 곳에서도 쉽게 구할 수 있는 메뉴가 아닌 특화된 메뉴를 개발하기 위해서 끊임없이 연구를 계속했다.

5단계 : 시스템 구축하기

사업이 잘 되자 프랜차이즈를 만들고 창업 설명회를 열었다. 지금은 2호점까지 운영 중이다.

시크릿 리치 플랜 5단계

위에 1단계에서 5단계를 거쳐서 그녀는 성공적으로 소득 제로의 전업주부에서 당당한 사업가로 변신할 수 있었다. 그녀의 수입은 이제 본인이 직접 요리를 가르치는 것, 본인이 직접 운영하는 반찬 가게에서만 발생하지 않는다. 프랜차이즈 계약을 하고 점포가 성장하면서 추가적인 소득도 얻고 있다. 그러면서 어느 순간 친구의 수입이 직장인인 남편의 수입과 비슷해졌다. 이제 친구는 자신이 잘하고 좋아하는 일을 하면서 다양한 파이프라인을 통해 소득을 창출한다. 나는 친구의 삶을 바라보며 생각했다.

'나라면 어떻게 했을까?'

배우자의 회사 생활이 불안정해질 때 사람들은 어떤 행동을 선택할까? 누군가는 제발 그만두지 않기를 기도하며 불안함에 떨고만 있을지 모른다. 누군가는 쥐꼬리만 한 월급에 불안정하기까지 한 현실에 한탄과 원망을 일삼을 것이다. 또 누군가는 나도 가정경제에 책임이 있다는 사실을 인식하며 자신이 잘하는 일, 돈이 되는 일을 시작해보려 할지도 모른다. 친구는 세 번째 길을 택했다. 원망 대신 자신에게도 책임이 있다는 사실을 받아들였고, 자신이 잘하면서 좋아하는 일 가운데 돈이 되는 일을 찾아보려 노력했다.

아바타 소득 시스템은 외부에서 찾는 것이 아니다. '자신을 들여다보는 것'에서 시작된다. 우선 자신을 바라보면서 무엇에 관심이 있고 무엇을 잘해왔는지 생각해본다. 또한 일단 시작했다면 한 분야에 집중하는 것이 중요하다. 아바타 소득을 위한 시스템 구축에 나만의 철학을 투영시킬 때, 살아서 스스로 성장하는 시스템이 된다.

자, 이제부터는 새로운 소득을 창출하기 위해 반드시 거쳐야 하는 '시크릿 리치 플랜 5단계' 과정에 대해 자세히 알아보도록 하겠다.

1단계
강점 분야 및 주제 정하기

시크릿 리치 플랜의 첫 번째 단계는 강점 분야 또는 관련 주제를 탐색하는 단계다. 여기서 탐색해야 할 것은 다음과 같다.

'과연 어디에서 경제적 독립을 위한 수입원을 얻을 수 있을까?'

수입원을 탐색하는 방법 첫 번째는 잘하는 일, 좋아하는 것에서 생각해보는 것이다. 이 기준으로 다음과 같이 네 가지 분야를 만들어낼 수 있다. 네 가지 분야는 모두 경험, 재능, 흥미, 소득이라는 요소를 포함하고 있으며 분야에 따라 그 비중이 각각 다르다.

	잘하는 것	잘하지 못하는 것
좋아하는 것	1. 잘하고 좋아하는 분야 경험★★★ 재능★★★ 흥미★★★ 소득★★	2. 잘하지는 않지만 좋아하는 분야 경험★★ 재능★ 흥미★★★ 소득★★
좋아하지 않는 것	3. 잘하지만 좋아하지 않는 분야 경험★★ 재능★★★ 흥미★ 소득★★	4. 잘하지도 않고 좋아하지도 않는 분야 경험★ 재능★ 흥미★ 소득★

　많은 사람들이 첫 탐색 단계에서 자신에 대해 판단하는 것을 어려워한다. 이때는 다른 사람들로부터 들었던 말들을 곰곰이 떠올리는 게 도움이 된다. 첫째, 주위 사람들이 했던 칭찬의 말들을 떠올려보자. 둘째, '어떻게 그걸 해냈어?'라는 질문을 받은 적이 있는지 생각해보자. 셋째, '넌 어쩜 그렇게 그 분야에 관심이 많아?'라는 질문을 받은 적이 있는지 떠올려보자. 본인이 잘하거나 완수해내지는 못했다 하더라도 엄청난 관심과 열정을 갖고 있는 분야가 있다면 강점이 될 수 있다. 남들보다 더 잘 알고 있을 것이기 때문이다.

　위에서 소개한 네 가지 분야 중 어떤 분야에 속하는 일이 나의 수입원으로 적합한지 경험, 재능, 흥미, 소득을 기준으로 따져보자.

홀랜드 검사 활용하기

자신의 강점이라는 자원을 가지고 사업화하기 위해서는 당연히 강점을 발견해야 한다. 앞서 자신의 강점을 발견하는 방법에 대해 상세히 설명했지만 여전히 자신의 강점이 무엇인지 헷갈리는 분도 있을 것이다. 이런 경우는 외부의 도움을 받는 것도 좋은 방법이다.

재무 상담을 진행하다 보면 내담자 전부라고 해도 과장이 아닐 만큼 많은 엄마들이 자신의 강점에 대해 자신 있게 말하는 것을 어려워한다. 이럴 때 내가 추천하는 것 중 하나가 홀랜드 검사다. '직업선호도검사'라고도 하는데, 이름 그대로 직업이나 진로 탐색 및 선택을 돕기 위한 검사로 1959년 미국의 심리학자 존 홀랜드John Holland가 개발했다. 이 검사 결과 나타나는 성격과 적성, 흥미와 특성 등을 통해 자신의 강점을 파악할 수 있다.

자신의 강점에 대해 알아볼 수 있는 '홀랜드 검사'

홀랜드 검사는 워크넷(www.work.go.kr)에서 무료로 받아볼 수 있다. 홈페이지에 접속해 [직업·진로−성인용 심리검사 실시]에서 [직업선호도검사 L형]의 [검사 실시]를 클릭하면 검사가 시작된다. 측정 결과는 즉시 확인할 수 있다.
직업선호도검사는 L형과 S형으로 나뉘는데 L형은 흥미, 성격, 생활사 총 세 가지를 검사하고 측정하는 반면 S형은 흥미만을 측정한다. 이때 가능한 한 L형을 받아볼 것을 추천하지만 시간이 부담된다면 S형을 실시해도 좋다. 여기서 흥미검사가 나의 흥미를 알려주는 유용한 자료가 된다.

현실형(R), 탐구형(I), 예술형(A), 사회형(S), 진취형(E), 관습형(C)이라는 총 여섯 개의 흥미 코드로 나뉘며, 이를 통해 흥미 특성에 적합한 직업 분야를 알아볼 수 있다. 검사가 끝나면 여섯 개의 흥미 코드로 이뤄진 직업흥미검사 결과가 나타난다.

홀랜드 검사 결과에 따른 흥미 특성과 대표 직업

구분	흥미 특성	대표 직업
현실형 (R)	분명함, 질서 정연함, 체계적인 것을 선호하고 연장이나 기계 등 조작하는 활동과 기술 등에 흥미를 보임	기술자, 가동기계 및 항공기 조종사, 정비사, 농부, 엔지니어, 전기·기계기사, 군인, 경찰, 소방관, 운동선수 등
탐구형 (I)	관찰적, 상징적, 체계적, 물리적, 생물학적, 문화적 현상의 창조적인 탐구 활동에 흥미를 보임	언어학자, 심리학자, 시장조사분석가, 과학자, 생물학자, 화학자, 물리학자, 인류학자, 지질학자, 경영분석가 등
예술형 (A)	예술적 창조와 표현, 변화와 다양성을 선호하고 틀에 박힌 것을 싫어하며, 모호하고, 자유롭고, 상징적인 활동에 흥미를 보임	예술가, 작곡가, 음악가, 무대감독, 작가, 배우, 소설가, 미술가, 무용가, 디자이너, 광고기획자 등
사회형 (S)	타인의 문제를 듣고, 이해하고, 돕고, 치료해주고, 봉사하는 활동에 흥미를 보임	사회복지사, 교육자, 간호사, 유치원 교사, 종교 지도자, 상담사, 임상치료사, 언어치료사 등
진취형 (E)	조직의 목적과 경제적 이익을 위해 타인을 지도, 계획, 통제, 관리하는 일과 그 결과로 얻어지는 명예, 인정, 권위 등에 흥미를 보임	기업 경영인, 정치가, 판사, 영업사원, 상품 구매인, 보험회사원, 판매원, 연출가, 변호사 등

| 관습형
(C) | 정해진 원칙과 계획에 따라 자료를 기록, 정리, 조직하는 일을 좋아하고 체계적인 작업 환경에서 사무적, 계산적 능력을 발휘하는 활동에 흥미를 보임 | 공인회계사, 경제분석가, 세무사, 경리사원, 감사원, 안전관리사, 사서, 법무사, 의무기록사, 은행 사무원 등 |

홀랜드 검사 결과 적용 사례

다음은 내가 멘토링한 멘티의 직업선호도검사의 흥미검사 결과다.

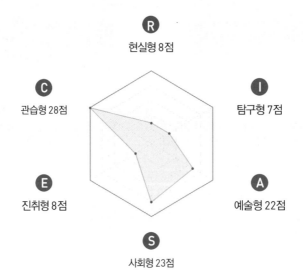

결과를 보면 관습형(C)이 가장 높고, 다음이 사회형(S), 예술형(A) 순으로 높다. 관습형이 높다는 것은 사회에서 요구하는 일을 수행하는 능력이 뛰어나다는 뜻이다. 이런 분들은 대체로 학창 시절에 공부를 잘했던 편이다. 또한 주위의 기대를 저버리지 않기 위해 노력하는 경향이 강하다.

하지만 이분의 경우 관습형만 높은 것이 아니라 반대편에 있는 예술형도 강하다는 것을 알 수 있다. 이처럼 직업선호도검사 결과에서 반대편에 있는 코드가 함께 높게 나타날 경우 진로를 선택하는 데 혼란을 겪을 수 있다. 이분 역시 사람들이 부러워할 만한 좋은 회사에 취직했지만(관습형), 반대편에 있는 예술형이 채워지지 않아 우울함과 공허함을 느꼈다. 그리고 이런 감정을 해소하기 위해 게임에 집중하기도 했다고 한다. 그러나 결국 우울함은 해소되지 않았다.

이때는 '어떤 일을 할 때 가장 행복한가?'라는 질문을 스스로 던져볼 필요가 있다. 이분은 요리할 때나 뭔가를 직접 만들어낼 때 행복을 느꼈다고 했다. 그래서 쿠킹 및 작곡, 글쓰기 등을 배울 것을 권했다.

그렇게 하나씩 배워나간 결과 우울증과 내면의 허전함이 해소됐고 행복과 충만함을 느끼게 되었다고 한다. 상반되는 두 가지 성향이 모두 강함에도 관습형으로만 살았을 때는 하루하루가 우울했지만 이제는 반대편 요소인 예술형도 함께 채워감으로써 균형을 찾은 것이다. 또한 은퇴 후에는 예술형에 맞춰 글을 쓰며 살고 싶다는 꿈도 갖게 되었다.

한 학교 후배는 중학교 때부터 화장하는 것을 정말 좋아했다. 어릴 때부터 메이크업에 관심이 많았고 화장을 즐겨 하다 보니 제법 잘하기도 했다. 하지만 후배의 부모님은 늘 잔소리를 했다.

"내가 못 살아! 공부는 안 하고 화장만 해서 어쩌려고 그러니?"

결국 후배는 취업이 잘 된다는 경영학과에 진학했고 메이크업은 취미로 남게 됐다. 만약 이 친구가 홀랜드 검사를 받는다면 아마 '예술형'

이 나올 것이다. 이런 예술형 친구들을 보면 대체로 자신이 원하는 것을 다른 사람들보다 빨리 알아챈다. 음악이나 그림, 춤 등에 자신도 모르게 강점을 드러내고 마력처럼 끌리는 것이다. 자신도 모르게 항상 노래를 흥얼거리고 있고, 딱히 노력하지 않았는데도 좋아하는 노래 가사를 다 외우고 있으며, 누가 시키지도 않는데 춤 연습을 하고 있다. 그러나 누구보다 빨리 강점과 흥미를 발견하고도 싹을 틔우기도 전에 억눌리는 경우가 많다.

역시나 대학교에 들어간 후배는 만족하지 못했다. 도무지 학과 공부에 흥미가 생기지 않자 결국 대학을 중퇴했고, 그녀의 표현대로 '받아주는 회사 아무 데나' 들어가 몇 년간 일하다가 결혼했다. 결혼 후에는 전업주부로 지냈으며 딸이 태어난 후 육아는 오롯이 후배의 몫이 되어버렸다. 결국 딸이 태어나고 오래지 않아 후배는 남편과의 성격 차이를 극복하지 못하고 이혼했다.

"그때는 진짜 '내 인생은 이제 끝이구나' 했다니까요."

후배는 부모님과는 대학 중퇴 때부터 사이가 틀어져 점점 더 멀어졌고, 이혼 후 직업도 없이 홀로 딸과 덩그러니 남게 됐다. 아침에는 아이를 다른 사람에게 맡기고 식당과 마트 등 또다시 '받아주는 곳 아무 데나' 찾아가 뼈 빠지게 일했다. 다 지나고 나서야 들은 이야기지만 그때는 하루하루 죽음을 생각할 만큼 힘들었다고 한다.

"그런데 아이가 눈에 밟혀서 그럴 수가 있어야 말이죠."

후배는 그날도 힘들게 일을 마치고 돌아와 아이를 재웠다. 잠든 딸

아이 얼굴을 내려다보다 자기도 모르게 혼잣말을 했다고 한다.

"너는 꼭 해보고 싶은 거 다 하고 살아야 해. 너라고 그러지 말라는 법이 있니? 그래, 나도 아직 젊잖아. 죽기 전에 해보고 싶었던 거, 한 번만 해보자."

그날 밤 후배는 밤새 쪼그리고 앉아 자신이 진정으로 하고 싶었던 것, 잘하던 것이 무엇이었는지 생각했다고 한다. 아무리 생각을 하고 또 해봐도 답은 하나로 귀결되었다.

'나는 화장하는 게 제일 재밌었어. 일에 치이고 집안일에 치여서 거울 들여다본 게 언제인지도 모르겠지만 화장하는 것보다 즐거운 일은 없었어!'

그 길로 후배는 월급은 좀 적더라도 조금 더 일찍 퇴근할 수 있는 곳을 찾아 일자리를 옮겼고 오후에는 메이크업 학원에 다니기 시작했다. 뒤늦게 원하던 공부를 하게 되어서인지 후배는 아이를 재운 후 집에서도 메이크업 공부에 열을 올렸다. 그리고 결국 메이크업 아티스트 자격증을 땄다.

삶에서 가장 어려운 시기에 후배는 밤새 자신의 삶을 되돌아보면서 스스로에게 수많은 질문을 던지고 답했을 것이다. 이처럼 자신의 강점과 흥미를 찾으려면 전문가의 조언이나 검증된 테스트도 중요하지만 반드시 자기 자신에게 여러 가지 질문을 해볼 필요가 있다.

강점 분야 및 주제 정하기를 위한 TOP 5 질문

- 어렸을 때부터 꼭 해보고 싶었던 일이 있다면 무엇인가?
- 남들이 나에게 '타고났다'고 말했던 것이 있다면 무엇인가?
- 밤새서 해도 지겹지 않을 만큼 몰입했던 일은 무엇인가?
- 나도 모르게 '저 사람 부럽다'라고 생각했던 롤 모델은 누구인가?
- 당신이 사람들에게 도움이 되었던 분야는 무엇인가?

2단계
로드맵 만들기

두 번째 단계는 바로 새로운 소득을 창출하는 로드맵을 만드는 것이다. 이번에는 요리라는 강점을 가진 내 친구를 예로 들어 설명해보겠다. 그 친구는 매일 친정에서 반찬을 가져올 생각을 하는 나와는 차원이 다르게 요리를 잘하고 좋아했다. 수많은 집들이에 가봤지만 그 친구보다 더 상다리 휘어지게 상을 차린 집을 보지 못했다. 가짓수도 많았지만 각양각색의 음식이 나와 그녀가 다 했으리라고 믿지 못할 정도였다. "설마 네가 다 한 거야?"라고 묻자 그녀는 자랑스럽게 답했다. "당연히 내가 다 했지!"

요리라는 강점을 가진 그녀가 수입을 창출할 수 있는 방법은 무엇이 있을까? 앞서 살펴본 WBSP 유형 중 W유형으로 생각해보자. 출장

인력 업체에 취직해 출장 요리사로 근무하게 되면 W유형의 소득을 올릴 수 있다. 게다가 경력이 쌓이면 단가도 올라갈 것이다. 문제는 그만큼 시간이 소요된다는 점이다. 고객의 요청에 따라 시간을 맞춰야 하기 때문이다. 그뿐일까? 새로운 요리 실력자들이 나타날 때마다 그들을 의식하면서 새로운 메뉴 개발에 힘써야 한다.

만약 요리 클래스를 운영하면 상황은 조금 더 낫다. 시간을 조율하기 쉽고 이동 시간이 줄어들기 때문이다. 더불어 요리 블로그나 유튜브도 함께 운영하면 추가 수입이 발생할 수 있다. 그러나 이때 발생하는 소득 역시 노동력을 바탕으로 하는 W유형의 소득이다.

이처럼 처음에는 W유형에서 시작하는 게 가장 쉽지만 갈수록 육아와 일을 병행하기 힘들어지고 시간을 통제하기가 어려워진다. 이때 수입을 늘릴 수 있는 S유형의 사업을 상상할 수 있다. 만약 유기농 반찬 가게를 차리고 차별화된 시스템이나 브랜드를 만들면 직원을 고용할 수 있다. 여기에 자신만의 차별화된 브랜드를 만들어 시스템을 구축하고 프랜차이즈 가맹점까지 유치하면 수입은 이제 시간 투입과 상관없이 늘어난다. 이때 발생되는 소득은 B유형이다.

그런데 여기서 한 가지 더 짚고 넘어가자. 요리를 하다 보면 다양한 식재료뿐 아니라 요리 기구에까지도 관심을 갖게 된다. 마치 여자들이 화장을 배울 때 처음에는 기초화장품을 주로 사게 되지만 나중에는 뷰러나 브러시 같은 메이크업 도구까지 신경 쓰게 되는 것과 비슷한 이치다. 앞서 말한 요리를 잘하는 친구가 블로그나 인스타그램을 만들고 가성비 좋은 요리 도구들을 홍보하는 채널을 연다면 어떨까? 또 네이버 스토어팜 등에서 요리 기구를 판매한다면 어떨까?

실제로 요리에 대한 각종 정보를 블로그에 올리다가 파워 블로거가 된 분들이 많다. 이들은 요리에 대한 정보 외에도 각종 기기의 공동 구매를 진행하기도 한다. 지인 중에도 스토어팜을 통해 평소 관심이 있었던 다양한 제품을 판매하면서 큰 수입을 올리고 있는 분이 있다. 더 나아가서는 음식을 만드는 업체와 사 먹는 고객을 연결해주는 배달의 민족이나 땡동 같은 플랫폼들도 있다. 이런 소득은 P유형의 소득이다.

물론 처음부터 S유형이나 P유형을 고려하지 않아도 소득을 창출할 수 있다. 다만 이런 분야가 있다는 것을 알고 있다면 시간을 통제할 수 있고 경제적 독립을 위한 아바타 소득을 창출할 수 있는 '로드맵'을 만들어갈 수 있다.

얼마 전 코칭을 했던 멘티 중에 천연 화장품 제조 방법을 가르치는 강사 한 분이 있었다. 예전부터 피부가 너무 민감해서 피부 트러블이 자주 생기다 보니 천연 화장품에 관심이 많아졌고 지금은 자격증을 따서 강의를 하고 있다고 했다. 그런데 어느 순간 더 이상 소득이 늘어나지 않았다. 돈을 써야 할 곳은 많아졌는데 수입은 한정적이다 보니 점점 궁핍해진 것이다. 이럴 때 그분이 소득 창출을 할 수 있는 방법은 무엇일까? 가장 간단한 것은 직접 제품을 만들어 파는 것이다. 바로 W유형이다. 그러나 직접 만들면 시간이 들기 때문에 소득을 불리는 데 한계가 있다.

하지만 W유형으로 일을 하다가 화장품에 대한 노하우가 더 쌓이면 블로그, 페이스북, 인스타그램 등을 통해 화장품과 정보를 알리고 나눌 수 있다. 본인이 제조한 제품의 성분 등을 알려주고 제품을 권하거나 피부 관리 꿀팁 등을 전할 수도 있다. 만일 이로써 수입을 창출하게 된다면 S유형으로 시스템을 확장시킬 수 있다. 수강생이 만든 제품을 판매하거나 화장품 제조 판매자 과정 프로그램을 열어 강사를 양성할 수도 있다. 만약 SNS나 유튜브 등 자신의 채널이 인기를 얻으면 타인의 제품을 소개하고 수수료를 받을 수도 있고 홍보를 해주면서 소득을 창출할 수도 있다. 그러면 P유형의 소득이 창출된다.

　W유형에서 수입을 창출한다는 것은 타인이 만든 시스템 속에서 뛰어야 한다는 의미기도 하다. 그렇다 보니 일이 답답하고 힘들게 느껴질 때가 많다. 자신의 수입 창출원이 W유형에 속해 있다면 S유형이 될 수 있는 방안을 계속해서 모색해야 한다.

　B유형의 일은 어딘가에 소속되거나 고용되지 않아도 할 수 있는 일들이다. 나아가 이들은 고용인 입장에 있는 사람이기도 하다. 나 역시 책을 낸 이후로는 다른 작가들을 자주 만나게 되는데, 그들 대부분이 W유형 종사자들에 비해 더 많은 자유를 누리고 산다.

　현재 내가 W유형에 속해 있다고 해도 절대 좌절하지 말자. WBSP 유형은 고정된 것이 아니기 때문이다. 지금은 W유형에 종사하고 있을지라도 얼마든지 다른 유형으로 옮겨갈 수 있다. 그러기 위해서는 현재 하고 있는 일을 '나만의 경험을 쌓고 스토리와 브랜드를 만들어가는 과정의 일환'이라고 생각할 수 있어야 한다. 그런 마음가짐으로 임할 때 내가 원하는 유형으로 이동하기 위해 갖춰야 할 것들이 보이기 시작한다.

이처럼 내가 최종적으로 가고자 하는 길을 명확히 알고 그에 맞는 계획을 세우는 것이 소득 창출 로드맵을 만드는 핵심이다.

소득 창출 로드맵을 벤치마킹하라

강점을 파악한 후 바로 돈을 번다면 참 좋겠지만 생각만큼 쉽지 않다. 자신의 강점을 파악했다고 해도 이것으로 먹고살 수 있다는 확신을 갖는 건 또 다른 문제다. 이때 중요한 게 바로 롤 모델이다. 내가 꿈꾸는 길과 비슷한 길을 걸어 성공한 사람, 즉 롤 모델을 찾아 벤치마킹하는 게 좋다. 이미 같은 분야에 성공 사례가 있으니 더 용기를 낼 수 있고, 롤 모델이 성공한 방식을 따라 해보면서 때로는 조언을 구할 수도 있기 때문이다.

그런데 멘토링을 진행하다 보면 많은 사람들이 이 부분을 매우 어렵게 생각한다. 롤 모델을 찾는 것뿐 아니라 그렇게 찾은 분과 직접 연락을 취하거나 만나는 것은 거의 불가능한 일이라 생각한다.

"그런 분들이 저를 만나주기나 하겠어요?"

이는 실제로 해보지도 않고 지레 겁먹고 하는 소리다. 진심을 담아

연락하면 상대가 아무리 유명인이라도 메일에 답도 해주고 만나서 노하우를 전수해주는 경우도 꽤 있다.

스티브 잡스가 열두 살 때 HP의 공동 창업자 빌 휴렛에게 전화를 걸었던 에피소드를 살펴보자. HP는 당시 세계 최고의 PC회사였다. 잡스는 전화번호부에 적힌 번호를 보고 빌 휴렛에게 바로 전화를 걸었다. 그는 자기소개를 간단하게 하고 "주파수 계수기를 만들려고 하는데, 혹시 남는 부품이 있으면 주실 수 있나요?"라고 물었다. 휴렛은 부품을 잔뜩 보내줬을 뿐만 아니라 잡스를 회사로 초대해 여름방학 동안 직접 일을 해볼 수 있도록 배려해주었다. 잡스는 생전에 이 사례를 언급하며 이렇게 말했다고 한다.

"지금껏 그렇게 도움을 요청하고도 도움을 받지 못한 적은 한 번도 없다. 사람들이 도움을 받지 못하는 유일한 이유는 도움을 청하지 않기 때문이다."

메이크업 아티스트 자격증을 딴 내 후배도 곧바로 수입을 올리지는 못했다. 같은 자격증을 가진 사람은 넘쳐났고 대부분이 후배보다 어려서 취업도 쉽지 않았다. 하루는 후배가 이런 상황이 절망스럽다고 내게 털어놓았다. 나는 좀 더 시야를 넓혀볼 것을 권했다.

"메이크업 아티스트 자격증을 활용해 돈을 벌 수 있는 직업들에 어떤 게 있는지 좀 넓게 찾아보는 건 어때?"

그렇게 후배와 알아본 결과 수익 실현이 가능한 분야로는 출장 메이크업, 메이크업 숍 등이 있었다. 후배는 당장 취업이 쉽지 않음을 알고는 출장 메이크업에 집중하기 시작했다. 그때부터 현장에서 경험을 쌓아가던 중 인터넷 기사에서 업계 선배 한 분의 이름을 보게 되었다. 그 선배 역시 출장 메이크업 아티스트로 시작했는데 나중에 웨딩 사업과 연계해 크게 성공을 거두었다는 기사였다.

'맞아, 웨딩 사업도 있었구나!'

더 이상 물러설 곳이 없었던 후배는 간절한 마음으로 기사를 게시한 매체에 연락했고, 수소문 끝에 그 선배의 연락처를 알아냈다. 그리고 메일과 문자 메시지, SNS로도 연락했다. 결국 선배의 답장을 받고 만나서 이야기를 나눌 기회를 얻었고, 자신의 상황부터 앞으로의 꿈까지 진심을 담아 이야기했다고 한다. 이를 계기로 그 선배는 후배의 멘토가 되어주었고, 덕분에 후배는 더 큰 그림을 그릴 수 있었다.

이 후배의 이야기에서도 알 수 있듯이 SNS와 인터넷 기사 등이 활발한 요즘은 롤 모델을 찾기도, 연락을 취하기도 더 편하다. 후배도 그렇게 롤 모델을 만난 후 레드오션이라는 메이크업 아티스트의 세계가 생각한 것보다 활용 폭이 넓고 예상보다 큰 성공 가능성이 있음을 알게 되었다.

이처럼 1단계에서 찾은 자신의 강점으로 수익 실현이 가능한 업이나 분야를 찾고, 이미 그쪽에서 성공을 거둔 롤 모델을 선정하는 과정은 사업화 단계를 거칠 때 꽤 큰 효과가 있다. 단, 이렇게 롤 모델을 찾았다고 해서 곧바로 사업화하려 해서는 안 된다. 그전에 반드시 거쳐야 할 단계들이 남아 있다. 이에 대해서는 3단계에서 상세히 이야기하도

록 하겠다. 앞으로 수십 년의 인생뿐 아니라 나와 가족의 미래가 걸린
선택이다. 서두르다가 실패로 돌아가는 일만은 반드시 예방해야 한다.
조금 더 인내심을 가지고 차분히 접근해보자.

소득 창출 로드맵을 만들기 위한 TOP 5 질문

- 소득 창출 로드맵은 WBSP 유형에 따라 설정할 수 있는가?
- 관심 분야에서 성공한 기업 세 곳은 어디인가?
- 관심 분야에서 롤 모델 세 명을 찾는다면 누구인가?
- 벤치마킹에 참고할 웹싸이트나 SNS 세 곳은 어디인가?
- 기존 성공 기업의 강점과 약점을 분석한다면 무엇인가?

3단계
니즈 및 트렌드 파악하기

사업에서 '시장의 중요성'은 빼놓을 수가 없다. 강점을 발견하고 롤 모델을 만났다고 하더라도 내가 제공할 제품과 서비스를 세상이 원하는지, 어떤 사람들이 원하는지, 트렌드는 무엇인지 모르면 새로운 소득으로 연결되기 어렵다.

롤 모델은 말 그대로 모델일 뿐, 비슷한 꿈과 비전을 갖고 있다 하더라도 그것을 구현하는 방식은 나 자신에게 맞아야만 한다. 또 시장에 대해 이해했다고 해도 현재 나의 위치(현재 내게 부족한 것은 무엇인가, 내가 제공하고자 하는 제품과 서비스의 차별점은 무엇인가 등) 역시 이해해야만 한다. 이른바 '포지셔닝'positioning 이라고 불리는 작업이 수반되어야 하는 것이다.

내가 서 있는 위치가 전체 시장에서 어느 위치에 있는지 이해해야 한다. 이는 절대적인 위치가 아닌 상대적인 위치로서, 전체 시장에서 나의 좌표를 이해해야만 어느 정도의 가격으로, 어떤 디자인으로, 어떤 메시지로 타깃에 접근할지 구체적인 계획을 마련할 수 있다. 이처럼 세상에 대한 이해와 함께 나 자신에 대한 이해도 함께 이뤄질 때 타깃에 대한 전략적인 접근이 가능해진다.

앞에서 말한 메이크업 아티스트 자격증을 따고 롤 모델까지 만난 후배는 웨딩 사업 분야의 가능성을 알게 된 후 시장을 조사했다. 시장 상황은 나쁘지 않았다. 다만 초기 비용이 상당해 당장 시장에 진입하는 것은 어려웠고, 자금이 있다 해도 시작할 경우 성공할 수 있을지 의문이었다.

후배는 자신이 그 시장 안에서 어느 정도의 역량을 발휘할 수 있을지 생각해보았다. 그 결과 웨딩 사업에 나서거나 직접 메이크업과 연결하기에는 경험도 부족하고 자금은 더더욱 부족하다는 것을 알게 됐다. 어지간한 메이크업 숍보다 훨씬 큰 자금이 필요했기에 웨딩 사업은 여러모로 요원한 일로 여겨졌다.

경험을 쌓기도, 돈을 벌기도 어려웠기에 출장 메이크업 쪽도 접었다. 그리하여 우선은 작게라도 자신의 메이크업 숍을 여는 쪽으로 계획을 바꿨다. 다만 그러기에도 비용이 부족했는데 이는 다른 방법으로 해결할 수 있었다. 미용사 자격증이 있는 친구에게 동업을 제안한 것이다. 물론 친구를 설득하는 과정이 쉽지는 않았다. 그러나 그 친구 역시 혼자 시작하는 것보다는 비용이나 실패의 부담이 적다는 생각에 동업을 하기로 결심했다.

후배가 나를 찾아온 것은 친구와의 동업이 결정된 직후였다. 메이크업과 헤어디자인을 같은 공간에서 하는 숍을 열 생각이라고 했다.

"어머, 진짜 좋은 생각이다! 메이크업이랑 헤어를 한곳에서 같이 받을 수 있으면 좋지. 둘이 시너지가 있겠네."

시장을 조사하고 자신의 위치를 파악하다 보면 부족한 부분이 보이기 마련이다. 그 부족한 부분을 보완할 방법, 문제를 해결할 방법을 찾는 과정은 다양하다. 후배와 같은 상황에서 사람들은 아마 메이크업 숍에 직원으로 들어가 경험도 쌓고 공부도 하면서 자금을 모아 시작하는 길을 택할 것이다. 하지만 후배는 '경험이 부족해서 숍을 할 수 없다'는 생각을 '숍을 운영하면서 경험을 쌓는다'로 다르게 접근했다. 그녀는 초반에는 다소 힘들 수 있어도 경험이 조금만 쌓이면 충분히 잘할 수 있다고, 자신의 타고난 강점과 센스를 믿었다.

부족한 자금은 시너지를 낼 수 있는 업계의 종사자와 동업을 하는 것으로 해결했다. 이로써 직접 메이크업 숍을 운영할 수 있게 됐으니 경험도 충분히 쌓을 수 있고, 성과에 따라 이전보다 돈도 더 벌 수 있게 되었다. 이처럼 시장과 자신의 위치를 조사하고 파악하는 것 못지않게 중요한 것이 '그 과정에서 알게 된 한계를 어떻게 극복할 것인가' 하는 점이다.

강점을 발견하고 롤 모델을 찾아 사업 모델을 정했다고 해서 바로 시장에 뛰어드는 것은 그동안의 수고를 헛발질로 만들 수 있다. 반드시 시장과 트렌드를 조사하고 그 안에서 자신이 어느 정도 위치인지 잘 파악해야 한다. 물론 시장과 업계 상황 등을 살피다 보면 자신감을 잃을 수도 있다. 그렇다고 무조건 포기해서는 안 된다. 어떻게 이를 풀어나갈 것인지 생각해야 한다. 만약 그렇게 해결책을 찾았음에도 도전할 용기가 생기지 않는다면 정말 이 사업이 내가 원하는 것이 맞는지, 강점에 대해 잘못 판단한 것은 아닌지 진지하게 고민해봐야 한다.

니즈 및 트렌드를 파악하기 위한 TOP 5 질문

- 시장 트렌드를 파악할 수 있는 잡지와 책은 무엇인가?
- 시장 트렌드를 파악하는 데 도움이 될 만한 강의나 세미나가 있는가?
- 자격증이나 경험 등 성공을 위해 추가적으로 필요한 것이 있는가?
- 나의 위치를 파악하는 데 필요한 정보에는 어떤 것들이 있는가?
- 함께할 때 시너지가 날 수 있는 분야나 사업은 무엇인가?

4단계
차별화된 솔루션 만들기

앞 1~3단계를 거치면서 꽤 많은 준비를 했다고 해도 정작 고객에게 전할 상품은 아직 만들지 못했을 것이다. 이번 4단계에서는 바로 고객에게 판매할 상품을 만든다. 중점으로 둘 것은 업계 트렌드 파악을 통해 자신의 위치와 전략을 구상했다면 그것을 잘 녹여내면서도, 다른 곳과는 확실히 차별화된 솔루션을 제공하는 상품을 만드는 것이다. 앞서 메이크업&헤어숍을 오픈한 후배의 이야기로 예를 들어보겠다.

처음부터 그녀가 강력하게 차별화된 상품을 제공했던 것은 아니었다. 자신이 할 수 있는 일만 고려했고 그래서 무작정 숍을 오픈했다. 그런데 막상 오픈하고 나서야 차별화된 상품과 서비스가 필요하다는 사실을 깨달았다. 그녀는 타깃층이 주로 가는 강남이나 청담, 압구정이 아니라 가진 금액으로 구할 수 있는 곳에 숍을 연 상황이었는데 그래서 고객을 끌기가 쉽지 않았다. 게다가 직원을 뽑을 여력이 없어 청소부터 고객 응대, 메이크업, 홍보, 심지어 세금 문제 처리까지 혼자서 다 해내야 하는 상황이었다.

'괜히 숍을 하겠다고 했던 것일까?' 생각지도 못한 문제들을 한꺼번에 맞닥뜨리자 후배는 후회를 하기도 했다. 하지만 포기하지는 않았다. 아르바이트를 두세 개씩 해가며 아이를 키울 때도 있었는데, 이런 문제쯤은 잘 헤쳐나갈 수 있으리라 생각했다.

처음에 숍을 하기로 결정할 때와 마찬가지로 후배는 자신의 숍이 갖고 있는 강점과 약점을 다시 따져보기로 했다. 입지의 경우는 강남권에 비해 고정비가 적게 든다는 장점이 있었지만 상권이 발달하지 않은 곳이라는 약점이 있었다. 그렇다면 지역 내 손님 말고 다른 곳에서 손님을 끌어와야 했다.

자신의 능력에 대해서도 다시 생각해보았다. 전문가로서의 경력이 적다는 것은 약점이지만, 메이크업을 오랫동안 좋아했고 관심을 가져왔던 손님(비전문가)의 입장을 잘 이해하고 공감한다는 강점이 있었다. 게다가 갖은 아르바이트를 하며 다양한 사람을 응대해본 탓에 사람을 대하는 일에도 탁월했다.

무엇으로 입지적 약점을 보완하고, 자신의 강점을 극대화할 수 있을까? 후배는 SNS를 활용해보기로 했다. 메이크업에 관심이 많은 사람들이라면 공감할 만한 다양한 정보를 SNS에 올렸고, 그 게시물에

미술은 어떻게 비즈니스의 무기가 되었는가?

초가치를 만드는
아트×비즈니스의 힘

국내 최고의 '아트 콜라보 디렉터'
한젬마의 똑똑한 미술 활용법!

다양한 아트 콜라보 사례를 총망라해 성공적인 콜라
보에 숨겨진 비밀, 기업에 돈을 벌어주는 실질적 콜
라보 법칙, 초가치를 만드는 콜라보의 효과 등을 소
개한다. CEO, 상품기획자, 마케터, 브랜드 매니저 등
새로운 돌파구를 찾는 사람들에게 놀라운 비즈니스
의 기회를 선물해주는 책이다.

한젬마의 아트 콜라보 수업
한젬마 지음 | 값 18,000원

불확실성과 위기에서도 최고의 수익률을 올려라!

"월가에서 6조 원을 굴린
퀀트 전문가의 투자 비법!"

연평균 30퍼센트라는 놀라운 수익률,
퀀트투자에서 답을 찾아라!

세계 금융시장의 중심 월스트리트에서 퀀트투자로 엄
청난 수익률을 올린 최고의 퀀트투자 전문가 영주 닐
슨이 개인이 접근할 수 있는 퀀트투자의 모든 것을 알
려준다. 퀀트투자에서 가장 기본이 되는 기초 과정부
터 개인투자자들이 자신의 포트폴리오에 맞춰 퀀트투
자를 활용하는 심화 과정까지 모두 만나볼 수 있다.

월스트리트 퀀트투자의 법칙
영주 닐슨 지음 | 값 16,800원

앞으로 10년, 미래의 비즈니스가 완전히 재편된다!

"기술 대폭발 시대를
준비하는 단 하나의 필독서!"

**세계적인 미래연구기구
'밀레니엄 프로젝트'의 2019 대전망!**

앞으로 10년, 생물처럼 성장과 소멸을 반복하는 기술 변화에 적응하는 사람만이 디지털 시대에 앞서 나갈 수 있다! 전 세계 4,500명 미래학자들의 지식이 집약된 이 책을 통해 미래를 보는 새로운 관점을 얻을 수 있다.

세계미래보고서 2019
박영숙, 제롬 글렌 지음 | 값 16,500원

인간 없는 자동차가 가져올 거대한 패러다임이 전환

"사람이 차 운전대를 잡으면
불법인 세상이 온다!"

**미래를 지배할 압도적 기술,
완전자율주행과 이동성 혁명에 대한 모든 것!**

GM에 출신이자 구글의 최고 R&D 책임자를 맡고 있는 저자 로렌스 번스가 자율주행 기술에 대한 모든 것을 낱낱이 알려주는 책. 이 파괴적인 기술이 앞으로의 산업과 일자리에 어떤 지각변동을 일으킬지, 우리가 곧 목격하게 될 새로운 세계는 어떤 모습일지 이 책에서 만나볼 수 있다.

오토노미 제2의 이동 혁명
로렌스 번스, 크리스토퍼 슐건 지음 | 김현정 옮김 | 값 22,000원

'데이트 메이크업', '졸업 메이크업', '면접 메이크업' 등의 해시태그를 달아 홍보를 하기 시작했다. 그렇게 숍을 찾는 손님들이 하나둘 늘어났다. 게다가 후배는 저렴한 임대료를 감안해 메이크업 서비스 가격을 저렴하게 재조정했는데, 이것 때문에 숍을 찾은 2030 여성, 특히 대학생들 사이에서 가성비 좋은 곳으로 평가받으면서 입소문이 났다(차별화된 솔루션 1).

후배는 거기서 멈추지 않았다. 친근한 성격으로 소통에도 능했던 그녀는 고객들이 하는 말에 귀 기울이며 숍 운영에 적극 반영했다. 하루는 한 손님이 화장품 브랜드에 대해 이야기하는 소리를 듣게 되었다. 가격이 저렴해서 너무 좋긴 하지만 사용하는 화장품들도 고급 브랜드를 사용하면 더 좋겠다는 것이었다.

여자라면 잘 알 것이다. 메이크업 제품은 끝도 없다는 것을. 그런 메이크업을 전문으로 하고 있는 숍이다 보니 이미 수많은 제품을 사용하고 있는 터였다. 그것들을 모두 고급 브랜드 제품으로 바꾸려면 비용이 만만치 않았다. 그러나 하루 예약이 거의 차는 수준으로 손님이 늘자 후배는 그 고객의 의견을 적극 반영해 제품들을 모두 교체했다. 그 후 고객들의 평가는 '가성비 좋은 곳'에서 '가성비 끝판왕'이 되었다.

후배는 여기서 그치지 않았다. '아는 사람만 아는 곳' 이상이 되도록 인터넷 카페를 개설했고 2030 대학생을 타깃으로 홍보 및 마케팅을 시작했다(차별화된 솔루션 2). 고객 중 몇 명의 졸업 메이크업과 면접 메이크업 자료를 커뮤니티에 올리기도 했는데 반응이 매우 좋았다고 한다. 이때 후배는 '실제 후기를 올리는 것'이 얼마나 효과적인지 깨닫게 됐다.

그러던 중 항공사에 취업을 원하는 승무원 지망생들의 메이크업을 해주면서 그쪽에 시장성이 있음을 알게 되었다. 그때부터는 '항공사 면접 메이크업'(차별화된 솔루션 3)으로 강점을 더욱 특화시켰다. 그리고 자신의 숍에서 메이크업과 헤어 코디를 받은 후 면접에 합격한 사람들에겐 이후 몇 차례의 서비스 이용권을 제공하며 그들의 사진과 후기를 커뮤니티에 올렸다. 그러자 반응이 폭발적이었다. 예약이 밀릴 정도로 손님이 늘었고, 그런 상황이 한 달 이상 이어졌다.

후배는 자신의 강점인 긍정적인 마인드와 어떻게든 해결책을 찾아내는 뚝심, 남들과 다른 방식으로 생각하는 기발함을 모두 활용했고 끊임없이 강화했다. 이를 통해 약점이라 생각할 수 있는 자금 부족을 '임대료가 적으니 더 저렴하고 가성비 좋은 곳'으로 탈바꿈시켰다. 딱히 광고를 하지 않아도 손님이 몰리는 번화가 매장들과 다른 상황임을 알고 재빨리 타깃 고객을 명확히 정했고, 그들에게 맞춰 SNS를 통해 홍보했다.

여기에 더해 후배는 수많은 고객들을 직접 만나고 경험을 쌓으면서 메이크업 실력도 눈에 띄게 향상됐다. 그리고 평소 고객과 소통하기를 좋아했기에 그들의 말을 귀담아들었다가 더 좋은 화장품을 구비하는 데 과감하게 투자했다. 이로써 본래도 숍의 강점이었던 가성비는 더욱 큰 강점이 됐다.

이처럼 자신의 사업을 공고히 하기 위해서는 모든 강점을 활용하고 극대화해야 한다. 약점은 보완 가능한 경우 최대한 보완하여 차별화된 솔루션을 가진 상품과 서비스를 만드는 과정이 반드시 필요하다.

차별화된 솔루션을 고안하기 위한 TOP 5 질문

- 이 분야에서 나의 경쟁력은 무엇인가?
- 강점이 극대화되는 고객층은 누구인가?
- 이 분야에서 나의 약점은 무엇인가?
- 이런 약점들은 어떻게 보완 가능한가?
- 강점을 차별화할 수 있는 전략은 무엇인가?

5단계
시스템 구축하기

나의 강점을 발견해 이를 보완하고 수정하면서 소득을 얻었다면 나의 아이템이 시장에서 어느 정도 검증되었다고 볼 수 있다. 그렇다면 여기서 그만 만족해야 할까? 우리가 궁극적으로 원하는 것은 '경제적 독립'과 '경제적 자유'다. 내가 움직이지 않아도 알아서 돌아가며 수입을 창출하는 자동화 시스템을 만들어야 한다. 이것이 마지막 5단계인 '시스템 구축하기'다.

앞서 메이크업&헤어숍을 운영하는 후배가 시스템에 대해 더 깊이 고민하게 된 것도 그런 이유였다. 그녀는 가성비라는 강점을 극대화하기 위해 핵심 고객층을 '취업 면접을 준비하는 대학생'에서 '항공사 취업을 준비하는 승무원 지망생'으로 더 세분화했다. 국내 항공사는 그

수가 적은 반면 지원자가 많았고 면접 날짜가 대부분 비슷한 시기에 몰려 있어서 한 번에 많은 건의 메이크업 의뢰가 들어왔다. 그러자 혼자 감당하기에는 벅찰 정도로 손님이 몰리면서 예약이 밀릴 수밖에 없었다.

이런 상황이면 많은 사람들이 박수를 치며 곧장 직원을 뽑으려 할 것이다. 하지만 이럴 때일수록 한 발짝 물러나 객관적으로 바라볼 필요가 있다. 이렇게 손님이 몰리는 상황이 일시적인 건지, 아니면 꾸준히 이어질 건지 구분해야 한다. 후배는 조급해하지 않고 상황을 더 지켜봤다. 항공사의 면접 시기가 지난 후에도 혼자 일하기 벅찰 만큼 고객이 꾸준한 것을 확인했고 그제야 직원을 고용하기로 결심했다. 그러나 그렇게 결심을 하고서도 곧장 채용에 나서지는 않았다.

"만날 누구 밑에서 일하거나 혼자서만 일했지, 내 밑에 누구를 두고 일해본 적이 없는데 어떡하지?"

이때 후배는 자신보다 앞서 같은 고민을 했고 이를 해결한 사람을 찾아 벤치마킹하기로 했다. 이는 '시크릿 리치 플랜 2단계'로 다시 돌아간 것이다. 이처럼 사업을 하는 동안에도 또다시 새로운 영역을 개척해야 하면 앞의 1~4단계를 다시 밟을 수도 있다.

후배는 같은 분야에서 오랫동안 성공적으로 운영되고 있는 숍 리스트를 작성해서 그중 규모가 너무 크거나 너무 영세한 곳은 제외했다. 그렇게 추린 곳 중에 강남의 한 메이크업 숍을 찾아가 사장님을 만나 물어봤다.

"선배님, 제가 궁금한 건요. 직원을 뽑는 기준이에요. 그리고 어떻게 관리해야 하는지도 궁금하고요."

"저는 직원 뽑을 때 실력보다 열정을 먼저 봐요. 실력 좋은 사람은 좀 까다롭기도 하고 요구하는 것도 많거든요. 다른 데서 더 좋은 조건으로 스카우트 제의도 많이 들어오니까 금방 그만두기도 하고요. 그래서 실력이 좀 부족해도 열정이 있는 직원을 뽑아서 가르치고 같이 손발을 맞춰가는 게 좋아요. 전 그렇게 하고 있어요."

원래 후배는 성격이 좀 모난 사람이라도 실력만 좋다면 뽑을 계획이었다. 하지만 자신보다 먼저 이 길을 걸어온 선배의 말이기에 일단 믿어보기로 했다. 그렇게 몇 명의 이력서를 받아보고 면접을 진행한 끝에 실력이 A급은 아니었지만 누구보다 열심히 배우고 싶어 하는 직원을 뽑을 수 있었다. 그 결과는 어땠을까? 그 직원을 채용한 것은 후배의 말대로 '신의 한 수'였다.

후배가 하는 일은 업계 특성상 새벽 4시에 출근하는 경우도 잦았고 휴일이나 주말에는 더 바빴다. 그래서 열정이 없으면 하기 힘든 일이기도 했다. 만약 실력이 뛰어난 사람이었다면 직원이 많은 곳으로 옮기거나 더 높은 월급을 요구했을지도 모르지만 이 직원은 어떤 일정도 군말 없이 받아들였다. 또한 후배가 몸으로 부딪히며 배운 것들을 도제식으로 가르친 결과 직원의 실력도 쑥쑥 늘었다. 그렇게 부대끼면서 서로 정도 들었고 호흡도 잘 맞았다. 이제는 절대로 놓치고 싶지 않은 직원이 됐다. 그 직원 역시 스펙이나 실력이 출중하지 않았던 자신을 믿고 이렇게까지 키워준 후배에게 감사한 마음을 갖고 있었기에 다른 곳에서 스카우트 제의가 와도 단번에 거절했다고 한다.

몇 년 후, 그 직원은 결혼을 하고 아이를 낳았다. 출산 휴가를 받아 몇 개월 동안 집에서 아이를 돌보다가 다시 복직했다. 이 무렵 숍은 더욱 번창해서 좀 더 넓은 곳으로 확장했고, 출산 휴가를 갔던 직원이 돌아올 때에 맞춰 2호점까지 오픈했다. 후배는 직원을 매니저로 승진시켜 직원들을 관리하게 했다. 출산 휴가를 다녀오면 자리가 없어지는 게 아닐까 걱정했던 직원은 오히려 승진이라는 선물까지 받게 되자 고마운 마음에 더 열정적으로 일하게 됐다고 한다.

'이거구나. 이래서 그때 강남에서 뵌 사장님이 실력보다 열정이 중요하다고 한 거였어. 열정이 있으면 실력은 결국 따라오게 돼 있어. 그리고 내가 직원들을 배려하면 직원들은 더 열정적으로 일하게 되고.'

이 경험을 통해 깨달은 바가 있었던 후배는 직원들이 더 오랫동안 근무할 수 있도록 급여 외에도 여러 복지에 신경을 쓰기 시작했다. 자기계발비를 지원했고 여행 경비도 보조해주었다. 새로운 기술을 접하고 배울 수 있도록 교육비도 지원했다.

분야의 특성상 자신을 담당하던 메이크업 아티스트가 이직하면 고객은 담당 아티스트를 따라가거나 아예 다른 숍을 찾아가기도 한다. 그런데 후배의 직원들은 이직이 거의 없었기에 단골이 계속 늘어 갔다. 메이크업숍은 점점 더 확장되었다. 얼마 전, 후배와 통화를 했는데 딸과 함께 여행 중이라고 했다. 이제 매장도 많아졌고 후배에게서 직접 배운 베테랑 직원들도 많아져 본인이 메이크업을 할 일은 거의 없다고 했다. 나는 후배에게 넌지시 제안을 해봤다.

"숍이 그렇게 잘되는데 중국으로 진출하면 어때? 중국에서 한국 메이크업에 관심이 많다는데…."

"언니, 저는 지금 엄청 만족스러워요. 전 비행기를 여행할 때 타고 싶지, 출장가려고 타고 싶지는 않거든요."

사업화란 결국 자동화를 통해 내가 원하는 진정한 자유를 찾는 것이다. 후배처럼 자신이 원하는 수준의 경제적 자유에 도달했을 때 멈출 줄 아는 것도 지혜라고 생각한다. 각자가 생각하는 자유의 수준과 내용은 다르기 때문이다. 그럼에도 사람들이 공통적으로 추구하는 궁극적 가치는 바로 '행복'이다. 후배는 현재 보람과 행복을 느끼고 자신이 생각하는 자유를 누릴 수 있게 되었다. 그렇기에 더 이상 욕심을 부리지 않을 수 있는 것이다. 그녀는 자신의 흥미와 강점을 발견하고 이를 활용할 수 있는 분야를 찾았고, 롤 모델을 벤치마킹해 사업화하는 데 성공했다. 그 결과 경제적, 시간적으로 자유로운 진정한 경제적 자유를 얻을 수 있었다.

이렇게 사업화 과정을 거쳐 성공 모델을 만들면 그것이 또다시 자신의 강점이 된다. 자신의 사업 이야기로 책을 내거나 유튜브로 공유할 수도 있다. 아니면 다른 강점으로 이 과정을 다시 밟음으로써 새로운 강점 재테크를 시작할 수도 있다. 이처럼 경제적 자유는 또 다른 경제적 자유의 가능성을 낳는다.

시스템 구축을 위한 TOP 5 질문

- 내가 하고 있는 사업을 매뉴얼로 정리할 수 있는가?
- 내가 운영하는 것을 시스템으로 구축할 수 있는가?
- 내가 자리를 비우더라도 관리가 가능한가?
- 내가 사업을 하는 최종 목표는 무엇인가?
- 현재 사업에 필요한 경영 기술을 익힐 수 있는 방법은 무엇인가?

강점 재테크로 사업가가 된 엄마들

앞서 우리는 강점으로 소득을 창출하는 시크릿 리치 플랜 5단계를 살펴봤다. 멀고도 어렵게만 느껴지던 사업이라는 것도 이 5단계만 거치면 가능하다는 이야기에 많은 분들이 관심을 보인다. 하지만 "그래도 나는 못 할 것 같아요."라며 포기하는 분들이 여전히 많다. 말로 들으면 별것 아닌 듯해도 막상 시작하려면 두려워지는 그 심정은 십분 이해한다.

실패가 두려워 시작조차 하지 않을 거라면 차라리 경제적 자유에 대한 갈망도 접는 게 좋다. 가질 수 없는 것을 갈망하면 괴롭기만 할 뿐이다. 그렇지만 사람은 불만족스러운 현실에 결코 안주할 수 있는 존재가 아니다. 만족하며 살고자 해도 타고난 능력이나 집안이 좋아 나보다 잘사는 친구를 보면 부러운 마음에 남편에게 넋두리를 하다가 부부 싸

움까지 가기도 한다. 나는 나대로 힘들고, 남편은 남편대로 자존심 상하고, 엄마 아빠가 불행하니 아이도 힘들어진다. 결국 선택은 둘 중 하나다. 경제적 자유를 위해 한 걸음 더 내디디거나, 그냥 지금 삶에 만족하고 살거나.

만약 전자를 택했다면 5단계를 실천하는 길밖에 없다. 현실은 이렇게 힘들고 고된 과정을 거쳐 성공하는 경우가 더 많다. 그럼에도 사람들은 성공한 사람을 보면 '그 사람은 뭔가 다르다', '운이 좋았을 것이다'라고 생각한다. 그러나 운이 좋아 성공한 사람도 그 운을 잡기 위해 어떤 과정을 거쳤는지 알아야 한다. 수많은 사례들을 접할수록 그 사람들 역시 평범했고 시행착오도 많이 겪었으며, 수없이 많은 고민과 시도 끝에 그런 결과를 낼 수 있었음을 알게 될 것이다. 지금부터는 강점 재테크를 통해 경제적 자유의 길로 들어섰거나 이미 자유를 쟁취한 엄마들의 사례를 살펴보자.

강점 재테크 사례 1

크라우드 펀딩과 SNS로 수제 잼을 판매하다

요즘에는 손재주가 뛰어나고 요리를 잘하는 엄마들이 참 많다. 그런 분들을 볼 때면 '저건 돈 받고 팔아도 되겠다'는 생각이 든다. 그런데 멘토링할 때도 그런 분들을 많이 보지만 막상 그렇게 하는 경우는 별로 없다. 예전에는 장사를 하려면 매장이 있어야 했고 이를 만들고 판매할 재료도 준비해야 했다. 그러자면 매장 보증금과 임대료, 재료값 등이 필요했다. 그 비용은 매장의 장소와 업종에 따라 다르겠지만 적어도 수백만 원에서 수천만 원이 들었다. 더구나 그렇게 만들어둔 상품이 판매되지 않으면 손해가 막심했다. 그래서 당시에는 아무리 강점이 있다 해도 쉽게 사업을 하거나 장사를 시작할 수가 없었다.

하지만 요즘은 매장이 없어도 고객과 접할 수 있고 돈을 먼저 받은 다음에 상품을 만들어 판매할 수도 있다. 온라인 시장이 존재하기 때문이다. 최근에는 SNS와 크라우드 펀딩을 활용하는 것만으로도 그런 일이 가능해졌다.

같은 아파트에 사는 정은 언니는 아이들 건강, 특히 먹거리에 예민했다. 언니의 남편은 아침에는 가볍게 빵을 먹는 것을 선호했는데, 그때마다 남편과 아이들이 설탕 덩어리나 마찬가지인 잼을 먹는 모습을 보며 마음이 좋지 않았다고 한다. 그래서 언니는 책과 유튜브 방송을 보고 요리학원까지 다니면서 직접 잼 만드는 법을 배웠다. 하지만 언니가 힘들게 만든 잼을 먹은 남편의 반응은 미지근했던 모양이다.

"잼인데 달지가 않잖아. 이게 무슨 잼이야."

설탕이 들어간 잼에 익숙한 입맛에는 과일만으로 낸 단맛이 맞지 않는 모양이었다.

"자기는 라면 하나도 제대로 못 끓이면서 까다롭긴…."

언니는 자존심이 상했는지 다른 방법들을 계속해서 시도했고, 그러던 중 직접 만든 조청을 섞어서 잼을 만들었는데 그 맛이 본인도 놀랄 정도로 괜찮았다고 했다. 나도 선물로 받아서 먹어봤는데 너무나 맛있었다.

"언니, 이거 마트에서 파는 잼들보다 훨씬 맛있다. 단맛도 적당하고!"

"그렇지? 이제는 남편도 군말 없이 먹더라니까. 애들도 좋아해. 나 이거 한번 팔아볼까?"

나는 언니가 지나가듯이 말하는 거라고 생각했는데 언니는 얼마 지나지 않아 정말 잼을 판매하기 시작했다. 자신이 만든 잼을 사진 찍어 인스타그램에 올리고 간략하게 조리 과정과 들어간 재료 등을 설명하고는 댓글로 주문을 받았다. 보통은 판매처 링크를 연동시키지만 당시 언니는 그렇게 하지 않았다.

언니의 잼은 반응이 좋았다. 한번 구매한 사람들이 추가로 주문을 했다. 그러자 인스타그램에서 판매하기에는 버겁기 시작했다. 우선 주문이 들어올 때마다 만들어 팔려니 시간이 꽤 들었고 번거로웠다. 미리 만들어두었다가 팔면 좋겠지만 그랬다가 혹시라도 팔리지 않으면 매일 잼만 먹어야 할 수도 있었다. 게다가 주문도 들어오기 전에 만들려면 재료를 먼저 준비해야 하는데 그 돈도 우습게 볼 수는 없었다. 주문이 들어올 때마다 직접 포장해서 택배로 보내는 것도 여간 힘든 일이 아니었다. 옆에서 언니가 힘들어하는 것을 지켜보던 나는 슬쩍 새로운 제안을 했다.

"언니, 크라우드 펀딩으로 팔아보는 건 어때? 그럼 주문은 언니가 원할 때 받을 수 있고 주문 들어온 만큼만 만들면 되니까 재고 걱정도 없잖아. 택배 발송도 알아서 해줄 거고."

"맞다, 그럼 되겠네! 내가 왜 그걸 생각 못 했지?"

실행력이 빠른 언니는 바로 크라우드 펀딩을 알아보고 그중 한 곳에서 펀딩을 시작했다. 처음에는 목표 금액을 50만 원 정도로 잡았는데 며칠 만에 펀딩에 성공했고, 최종적으로는 두 배에 가까운 금액을 모을 수 있었다.

그때부터 언니는 주기적으로 펀딩을 하고 있다. 펀딩을 거듭 할수록 목표 금액을 올리는데도 매번 성공하고 있다. 비록 큰돈을 버는 것은 아니고 아직 완전히 사업화됐다고 할 수 없지만 충분히 그렇게 될 가능성을 찾은 것이다. 언니는 이제 판매 사이트를 만들어 인스타그램과 연동시켜 본격적으로 판매하려고 준비 중이다. 물론 그 과정에서 필요한 돈은 크라우드 펀딩으로 모으고 있다.

이 사례를 리치 플랜 5단계에 적용해 살펴보면 다음과 같다. 우선 언니에게는 손재주가 있었고 자신도 이를 알고 있었다. 또한 아이들 때문에 건강한 먹거리에 대한 관심과 흥미가 높았다. 여기가 리치 플랜 1단계인 강점 분야와 주제(손재주, 건강한 먹거리)에 해당된다.

또한 언니는 바로 수익 실현이 가능한 분야를 찾지는 않았다. 참고로 리치 플랜 5단계는 반드시 순서대로 진행될 필요는 없다. 언니는 곧바로 4단계인 차별화된 솔루션을 만드는 과정을 진행했다. 남편의 '맛이 없다'는 한마디에 자극을 받아 더 공부하고 다양한 레시피로 잼을 만들어본 것이다. 이 과정에서 '달지 않다'는 약점을 보완했고, 조청을 활용함으로써 '건강한 단맛'이라는 강점을 극대화했다.

2단계인 소득 창출 로드맵을 정하는 것은 주위 사람들의 권고로 이뤄졌다. 나도 '이건 돈 받고 팔아도 사 먹겠다'는 생각을 했었고, 먹어본 사람들의 반응이 대체로 비슷했다. 그래서 인터넷으로 수제 잼의 가격대를 알아보고 다른 사람들의 판매 방식을 벤치마킹한 것이다.

3단계인 시장 트렌드와 자신의 위치 파악은 어려울 것이 없었다. 건강한 먹거리에 대한 수요는 꾸준히 늘어나는 상황이었고, 언니의 잼은 어디에 내놔도 손색이 없을 정도로 뛰어났다. 그럼에도 선뜻 판매에 나서기는 어려웠기에 다른 판매자들의 제품을 몇 가지 사서 먹어봤고, 가격대만 비슷하다면 자신의 잼과 과일청이 경쟁력이 있음을 확신했다.

4단계는 앞서 말했듯이 이미 이뤄진 상황이었기에 이를 사업화하는 과정이 중요했다. 처음에는 인스타그램으로 판매하면서 고객의 반응을 살폈고, 재구매율이 높다는 것을 알게 됐다. 그러나 인스타그램을 이용한 판매에는 앞서 말한 것과 같은 한계가 있었기에 크라우드 펀딩으로 사업화를 거쳤다. 이를 통해 '주문이 들어올 때마다 만드는' 방식에서 벗어나 '내가 시간 여유가 있을 때 주문을 받고 만드는' 것이 가능해졌다.

지금은 다른 판매 사이트에 입점하거나 직접 판매 사이트를 만드는 방안을 모색하고 있으며, 주문량에 따라 사람을 뽑는 것도 염두에 두고 있다고 한다. 특히 잼 만드는 노하우를 아무에게나 공개할 수는 없으니 친동생들에게 레시피를 가르쳐주어 제조는 동생들에게 맡기고 자신은 관리만 하는 것도 생각 중이라고 했다. 이렇게 되면 '완전한 사업화'가 이뤄질 수 있다.

우리가 살고 있는 지금은 상품을 만들어서 매장에 진열해두고 손님이 구매해야만 하는 시대가 아니다. 초기 자금이 없어도, 재고품 걱정 없이도 상품을 홍보하고 판매할 수 있다. 텀블벅, 와디즈, 카카오메이커스 등 다양한 크라우드 펀딩 플랫폼을 활용해서 작은 사업을 시작할 수도 있고, 이를 통해 인지도를 쌓을 수도 있으며, 더 큰 사업을 위한 초기 자금을 모으는 것도 가능하다.

강점 재테크 사례 2

마흔에 미용사가 되다

내가 사는 동네에 10년 동안 한곳에서 미용실을 운영하는 사장님 한 분이 있다. 주부를 타깃으로 하는 곳으로 일명 뽀글이펌에 특화된 곳이다. 고급스럽거나 화려한 분위기는 아니지만 가격이 매우 저렴하고, 무엇보다 주부들이 늘 오가는 동네 사랑방 같은 곳이라 단골이 많다. 여느 때처럼 사랑방에 들러 사장님과 이야기를 나누게 되었다. 나는 이 사장님이 워낙 베테랑처럼 일을 하셔서 미용 일을 몇십 년은 했겠구나 했는데, 의외로 겨우(?) 10년 정도밖에 되지 않았다고 했다. 이 사장님의 나이가 50인 걸 생각하면 마흔 즈음에 미용 일을 시작하셨다는 이야긴데 마침 새로운 소득을 만드는 일에 관심이 컸던 나는 그 사실이 새삼 놀라울 수밖에 없었다.

"애 다 키우고 이제 좀 살 만하겠다 싶을 때였어. 사회생활이라는 걸 모르고 살다가 새롭게 무언가를 시작하려니 엄청 힘들었지. 지금은 미용실 안 했으면 어떻게 살았나 싶지만."

10년 전쯤 남편이 하던 사업에 큰 위기가 왔고 사장님이 생계전선에 뛰어들어야 했다고 했다. 무엇을 해야 할까 고민을 많이 했는데 당시에는 정말 아무것도 떠오르지 않았다. 그 고민을 친한 언니한테 이야기하자 마침 미용실을 운영하던 언니가 "우리 가게 와서 일하서면 미용 일을 배워볼래?" 하는 제의를 받게 되었다. 비록 자격증은 없었지만 평소 헤어 스타일링에 관심이 많던 사장님은 바로 수락했다.

한동안은 바닥을 청소하는 일 말고는 달리 할 수 있는 게 없었다고 했다. 손님 머리를 감기는 것도 나름의 요령이 있어 초보에게는 쉽게 맡기지 않았던 것이다. 몇 달을 허드렛일로 보내고 짬이 날 때 그 언니에게 짬짬이 미용과 관련된 기술을 배우는 식으로 보냈다. 천생 꼼꼼하고 세심한 성격 덕분에 하나씩 알아가는 미용 기술을 빠르게 습득할 수 있었다. 그것을 시작으로 자격증을 따는 등 본격적으로 미용 일 해보겠노라 결심했다(1단계 강점 분야 및 주제 정하기).

처음에는 세련되고 고급스런 분위기의 숍을 내고 싶었다고 했다. 그러나 해외 연수를 다녀오는 전문 디자이너에 비하면 경력이 많이 부족한 상황이었다. 미용을 전문적으로 공부하기 시작하면서 그녀는 알음알음 동네 아주머니를 상대로 약값만 받고 펌이나 염색을 하고 있었는데, 그 수가 꽤 쏠쏠했다. 가격이 저렴하니 아주머니들이 입소문을 타고 알아서 자신을 찾아왔다. 어차피 숍을 차리게 되더라도 아이 등하교를 해줄 수 있는 동네에서 해야 하는 상황이었다.

'그렇다면 아예 아주머니만을 위한 숍을 하자.'

알음알음 찾아오는 사람들만 봐도 모두 아주머니였다. 그들은 창의적인 미용 기술보다는 저렴한 가격에 오래 지속되는 펌을 원했고, 세련된 분위기보다는 집에서 오가기 좋은 곳을 원했다. 생각이 여기까지 미치자 동네에서 아주머니를 상대로 하는 미용실을 차리기로 했다. 처음 미용 일을 권했던 언니에게 상담하니 번화가가 아니라 주택가에 있는 미용실은 초기 투자금을 적게 시작하는 것이 좋겠다고 했다. 즉, 인테리어 같은 것에 큰 돈을 들이기보다는 작고 아담하게 시작하는 게 낫다는 것이었다. 염색약과 파마약을 비롯해 의자나 기타 미용기구도 고급제품보다는 비교적 저렴한 제품을 사용해 비용과 단가를 낮추는 것이 좋겠다고 했다. 사장님은 그 언니의 조언에 따라 작고 아담한 장소를 구해 가게를 열었고, 각종 비용을 최소화해 시술 비용을 대폭 낮췄다(2단계 소득 창출 로드맵 만들기). 그러자 전에 개인적으로 찾아와 머리를 했던 지인들, 그 지인들이 소개로 온 사람들까지 저렴한 가격에 크게 만족해 꾸준히 찾아왔다.

미용실을 운영하면서 고객들과 이야기를 하다 보니 유난히 염색에 대한 고민이 많았다. 흰머리 때문에 염색은 계속해야 하는데 그게 귀찮고 비용도 계속 나간다는 것이었다(3단계 니즈 및 트렌드 파악하기). 자신의 미용실을 찾는 고객들이 염색에 대한 니즈가 강하다는 것을 알게 되자 사장님은 염색 '5번에 1번 무료'와 같은 이벤트를 열기도 했다. 보통 두세 달에 한 번은 염색을 해야 하는 고객들에게 큰 호응을 얻었고 그것이 또 입소문을 타면서 손님이 몰렸다(4단계 차별화된 솔루션 제공하기).

혼자서 미용실을 운영한 지 3년이 지나고 나서는 미용사를 한 명 더 고용해 더 많은 고객을 수용하도록 했다. 사장님이 직접 출근하지 않아도 고객을 응대할 수 있어 이전보다는 비교적 시간에 자유롭게 일할 수 있게 되었다(5단계 시스템 구축하기). 다시 그렇게 10년, 사장님은 그 자리에서 아직도 미용실을 운영하고 있다. 그러는 동안 기울던 가세를 다시 일으켰고 두 딸을 대학까지 보냈다.

"이제는 뭐 일을 한다기보다는 동네 친구들을 만난다는 기분으로 출근하지. 우리 미용실을 봐. 만날 북적북적하잖아. 파마 해주면서 수다도 떨고 돈도 벌고 친구도 만나고, 지금은 미용실 하길 백번 잘했다고 생각해."

강점 재테크를 시도해보려고 하지만 '과연 내가 할 수 있을까' 하는 두려움에 많은 엄마들이 주저한다. 자격증은 물론이요, 남의 머리를 감겨본 적 없던 이 미용실 사장님 역시 그랬다. 그러나 어려워진 남편 사업이 행여 두 딸에게도 영향을 줄까, 매일 조마조마했던 걱정 때문에 과감하게 새로운 미용 일에 뛰어들었다.

자투리땅으로 주차장 임대 사업을 하다

지방에서 카페를 운영하는 부부가 있다. 50대에 접어든 부부는 그간 모아둔 돈과 퇴직금을 합쳐 지방의 여행지 근처에 제법 넓은 카페를 오픈했다. 은퇴 전부터 카페 창업을 염두에 두고 준비를 해온 분들답게 카페는 커피 맛과 사이드 메뉴 모두 좋았고, 인테리어도 아늑해 제법 입소문을 탔다.

이 카페의 가장 큰 강점으로 꼽히는 것은 넓은 주차 공간이었다. 도심과 여행지에서 조금 벗어난 곳이고, 퇴직 전부터 꾸준히 발품을 팔고 다닌 덕에 한정된 예산으로 제법 넓은 부지를 구할 수 있었다. 그러나 그 넓은 공간을 모두 카페로 쓰기에는 몇 가지 어려움이 있었다. 첫째, 건물을 크게 지으면 비용이 많이 든다. 둘째, 바람 쐴 겸 차를 가지고 오는 사람이 많을 테니 주차 공간이 넉넉한 편이 좋다. 셋째, 매장을 과하게 넓게 지으면 손님이 많아도 공간이 비어 보이기 때문에 장사가 안 되는 것처럼 보일 수 있다.

그런 이유로 카페 건물 크기를 제한했고, 야외 테이블 몇 개를 놔둔 채 나머지는 주차 공간으로 활용했다. 그 결과 20대 이상의 차를 세울 수 있는 공간이 나왔다.

입소문을 타고 장사는 괜찮게 됐으나 붐빌 정도는 아니었다. 또한 예상과 달리 인근에 숙소를 구한 사람들은 차를 두고 걸어오는 경우가 많았다. 그렇다 보니 주차 공간도 보통 절반 정도밖에 차지 않았다. 다행히 도심 한복판처럼 비싼 임대료를 지불하지 않아도 됐기에 수입이 나쁘지는 않았지만 다소 아쉬운 감도 없지 않았다. 그렇다고 갑자기 손님이 몰리게 만들 묘수가 있는 것도 아니었다.

"어차피 애들 다 시집 장가 가서 우리 부부 먹고살 정도면 되긴 했는데, 그래도 장사라는 게 언제 또 갑자기 어려워질지 모르는 거잖아. 그래서 적금이라도 좀 들어두고 싶었거든. 그때는 달마다 한 20만 원만 들어오면 좋겠다고 생각했지."

몇 달 전 강연 때문에 근처에 가게 되어 카페에 들렀을 때 아내분이 내게 말했다. 그분이 '그때는'이라고 말한 이유는 이후 바람대로 이뤄졌기 때문이다. 하루는 막 오픈 준비를 마친 시간에 부부가 야외 테이블에 앉아 커피를 앞에 두고 두런두런 대화를 나누고 있었다.

"어떤 곳은 주차할 데가 없어서 난리라는데 우리는 남아도네."

남편의 넋두리를 들은 아내의 머릿속에 반짝하고 떠오른 생각이 있었다.

"여보, 그럼 우리 저기 주차장 임대 줘볼까?"

"임대? 아니, 누가 주차장을 임대하겠어?"

남편은 말도 안 된다며 혀를 찼지만 아내의 생각은 달랐다.

"왜? 인터넷 보니까 이 근처 민박집들에 주차 안 된다고 불평하는 글들 있던데. 돈 좀 받고 여기에 차 세우게 해주면 되지. 하루에 만 원만 내라고 해도 오는 사람들 있을걸."

그 말에 남편도 조금은 솔깃했는지, 이내 두 사람은 머리를 맞대고 고민하기 시작했다.

"그런데 이렇게 한두 칸으로 돈을 벌 수 있는 거야?"

남편의 의문에 아내는 인터넷으로 조사를 시작했다. 그러던 중 일본의 한 회사가 몇 평 남짓한 자투리땅들을 이용해 무인주차 사업을 벌여 큰 성공을 거뒀다는 기사를 발견했다.

"두 대밖에 못 세우는 땅도 있었대요. 땅 주인들도 어차피 다른 데 쓸 수 없는 땅이니까 싸게 임대해줬다고 하더라고요. 그럼 우리도 가능하겠다 싶었죠."

그때부터 두 사람은 비용을 '24시간에 만 원'으로 정하고 여기저기 홍보를 시작했다. 하지만 의외로 반응이 없었다. 주차비용으로 24시간 만 원이면 분명 저렴하지만, 인근 유동인구의 대부분을 차지하는 여행객들 입장에서는 추가로 들어가는 돈이니 아깝게 느껴졌을 것이다. 그리고 카페에 차를 세운 후 다시 민박집까지 걸어가는 수고까지 해야 한다면 차라리 돈을 더 쓰더라도 주차 시설이 갖춰진 숙소를 구하는 게 낫다고 생각했을 수도 있다. 그것도 아니라면 홍보가 제대로 되지 않은 탓인지도 모른다. 아무튼 나름 부푼 꿈을 안고 시작한 주차장 사업은 실패였다.

"됐어. 지금 먹고사는 게 힘든 것도 아닌데. 그냥 카페나 잘하자."

남편은 그렇게 말했지만 아내는 그럴 수 없었다. 남는 공간이 아깝기도 했고, 잘만 하면 많지는 않더라도 수입을 올릴 수 있을 것 같은데 이렇게 쉽게 포기하기는 싫었다.

그러던 어느 날이었다. 카페가 있는 곳 근처에 음식점들이 몇 개 모여 있는데, 대부분 비슷한 또래의 부부들이 운영 중이라 아내들끼리 종종 모임을 가졌다. 그날도 아내들이 같이 모여서 이런저런 이야기를 하고 있었는데, 그 지역에서 맛집으로 제법 유명한 생선구이 집 아내가 이런 말을 했다.

"점심과 저녁엔 테이블은 남는데 주차할 데가 없어서 손님들이 돌아간다니까. 점심시간에만 열 대도 넘게 돌려보낸다고."

그 말에 카페 사장님은 솔깃했고, 그날 밤 집에 돌아와 남편과 상의했다.

"요 앞에 생선구이 집은 점심, 저녁 때 주차할 데가 없어서 난리라던데 우리 주차장 빌려줄까?"

남편도 나쁘지 않다고 생각했다. 두 사람은 또다시 머리를 맞대고 고민했다. 이미 한 번 시도했다가 결과가 좋지 않았으니 이번에는 좀 더 조사를 해봐야겠다는 생각이었다.

그때부터 부부는 3주 동안 점심과 저녁 때 남는 주차 공간이 어느 정도 되는지 평균을 내봤고, 적어도 여덟 칸 이상 남는다는 것을 알게됐다. 아내는 남편과 상의 끝에 총 다섯 칸까지는 다른 곳에 돈을 받고빌려주는 것도 괜찮겠다는 결론을 내렸다. 다른 곳에 주차장을 내주느라 자신들의 손님을 놓칠 수는 없으니 세 칸은 여유를 두기로 한 것이다. 그리고 아내가 바라던 대로 월 20만 원의 수입이 생길 수 있도록 칸마다 월 4만 원으로 비용을 정했다. 그 정도가 생선구이 집에서도 부담스럽지 않을 정도라 여겼기 때문이다.

며칠 뒤 아내는 생선구이 집을 찾아가 커피 한잔하면서 이런저런 이야기를 하다가 혹시 근처에 유료 주차장이 있다면 이용할 의향이 있느냐고 물었다. 돌아온 대답은 매우 긍정적이었다.

"그럼 언니, 혹시 우리 가게 앞에…."

아내는 혹시라도 기분 나빠할까 봐 조심스레 이야기를 꺼냈는데, 상대방은 기분 나빠하기는커녕 오히려 이렇게 말했다.

"그렇게 해주면 나야 고맙지! 그렇게 놓치는 손님이 많을 때는 하루 점심에만 열 테이블이 넘어. 그게 한 달이면…."

아내는 곧바로 카페 주차장 한쪽 다섯 칸의 주차 선을 다른 색으로 다시 그려서 생선구이 집 주차장임을 표시한 후 임대를 주었다. 이로써 아내가 갈망했던 월 20만 원의 추가 수입을 올릴 수 있게 됐다.

물론 이것만으로 이 부부가 갑자기 경제적 자유를 누릴 수 있게 된 건 아니다. 하지만 주차 선을 다른 색으로 바꾼 것만으로 월 20만 원의 고정 수입이 생겼다. 더구나 생선구이 집에서도 월 20만 원을 투자해서 하루 열 테이블 이상의 손님을 더 받을 수 있게 됐으니 결코 손해는 아니었을 것이다.

이 부부가 남는 공간을 주차임대 사업으로 탈바꿈시킨 과정도 시크릿 리치 플랜 5단계에 대입할 수 있다. 넓은 주차 공간의 이점을 깨달았고, 인근 민박집들의 주차 시설이 미비하다는 점과 일본의 주차장 산업, 생선구이 집의 주차장에 대한 수요 등을 통해 돈을 벌 수 있다는 점을 파악했다(1단계 분야 및 주제 정하기). 다섯 칸까지는 임대가 가능하다는 것과 20만 원이 넘으면 상대가 부담스러워 할 수 있다는 것을 파악했고(2단계 소득 창출 로드맵 정하기, 3단계 니즈 및 트렌드 파악하기), 임대할 공간을 더 명확히 하기 위해 주차 선을 다른 색으로 칠한 후 생선구이 집 주차 시설임을 표시했다(4단계 차별화된 솔루션 제공하기). 그 결과 월 20만 원의 고정 수입을 얻게 됐다(5단계 시스템 구축하기).

이 사례를 보고 "그거야 넓은 땅이 있으니까 그렇지."라고 말할 수도 있다. 성공 사례들을 찾아보면 나보다 나은 상황에서 시작하는 사람도 많다. 그렇게 자기보다 나은 상황이니까 가능했을 것이라고 말하는 사람들의 공통점이 있다. 그들은 반대로 자신보다 어려운 상황에서 성공한 사람들은 운이 좋아서 성공했다고 말한다.

롤 모델을 벤치마킹할 때는 그들의 방식을 그대로 따라 하려고 하지 말고 그들이 성공한 '진짜 이유'가 무엇인지 알아보는 데 주력해야 한다. 위 사례의 부부가 자투리땅으로 고정적인 수입을 올릴 수 있었던 것은 땅이 있어서이기도 했지만 그보다는 이를 수익화하기 위해 머리를 맞대고 고민하고 조사하고 실행으로 옮긴 과정 덕분이다.

여담이지만 이 부부는 파주의 한 카페를 벤치마킹해 유료 셀프 세차장과 결합된 형태의 24시간 카페로 변경하는 방안을 모색 중이다. 지금은 세차장 시설을 본인들이 운영할 것인지, 아니면 세차장 사업을 하려는 사람을 구해 장소만 임대해줄 것인지 고민하고 있다. 그들처럼 넓은 주차 공간을 가진 카페들을 조사하고 고민해서 사업을 다각화하려는 노력을 계속해서 이어가고 있는 것이다.

인형 뽑기 가게로 자판기 사업을 시작하다

이 책을 쓰고 있는 시점에서 2년 전쯤 아는 동생에게서 연락이 왔다. 경매 수업을 들으면서 만난 사이로, 그 후로도 연락을 꾸준히 주고받았다. 보통은 만나면 경매 이야기를 많이 했는데 이날은 달랐다.

"언니, 나 인형 뽑기 가게 해보려고."

동생이 이렇게 얘기했을 때 사실 나는 걱정부터 들었다.

"그래? 근데 그거 곧 거품 꺼질 것 같은데…."

유행을 타면서 우후죽순처럼 생겨났던 사업이 순식간에 시들해지는 것을 오랫동안 봐왔기 때문이었다. 15년 전만 해도 매운 맛으로 선풍적인 인기를 끌며 거리마다 몇 개씩 보이던 불닭 가게는 이제 찾아보기 힘들다. 이후 육회를 파는 곳이 뒤를 이었지만 이 역시 맛집으로 알려진 곳들이 아니면 살아남지 못했다. 동네 어귀면 하나씩 있던 세계과자 할인점도 한창때와 비교하면 그 수가 반의반도 되지 않는다.

그러나 동생은 손해 안 볼 자신이 있으니 걱정 말라며 호언장담을 했다. 이미 몇 달 전부터 그 사업에 관심을 가지고 조사를 해왔다는 것이다. 그래서 나도 더는 말리지 않기로 했다.

"몇 군데 봐둔 데가 있어."

그렇게 말한 동생은 곧 첫 번째 인형 뽑기 가게를 차렸다. 그리고 두 달 후에는 또 하나를 열었다. 동생 말로는 수입이 제법 쏠쏠하다고 했다. 그렇게 총 다섯 개까지 열었다가 수입이 줄어들기 시작할 때 재빨리 정리해서, 지금은 여전히 수입을 올리고 있는 두 군데만 남겨둔 상태다. 짧은 기간이었지만 꽤나 수입을 올렸다며 만족해한 동생은 그렇게 정리한 가게에서 나온 인형 뽑기 기계를 서울의 카페와 식당, 중고등학교 인근 문구점 등에 개별로 비치해 여전히 쏠쏠한 소득을 올리고 있다.

처음에 그 사업을 말리려 했던 나로서는 다소 신기했기에, 이 동생의 사업화 과정을 곰곰이 정리해보았다. 그랬더니 역시 '5단계'를 거쳤음을 알 수 있었다.

1단계 '강점 분야 및 주제 정하기'부터 살펴보면 그녀에게는 크게 세 가지 강점이 있었다. 첫째, 가성비가 좋은 중국 인형들을 저렴하게 구매할 수 있는 인맥이 있었다. 그녀는 대학 졸업 후 장난감을 유통하고 판매하는 회사를 다니다가 결혼하면서 그만두었다. 그 회사는 해외에서 장난감과 인형들을 수입해 판매하는 일도 하고 있었다. 그중 한 중국 업체의 인형들이 저렴하면서도 제법 예뻤는데, 문제는 소량 판매를 하지 않아 개인이 접근하기는 어렵다는 점이었다. 하지만 동생은 이전에 다니던 회사를 통해 이를 해결했다.

둘째, 부동산 경매를 하던 경험 덕분에 서울 군데군데 발품을 팔고 다닌 경험이 있었다. 경매를 할 때는 마음에 드는 물건이 있으면 그 인근을 직접 두 눈으로 확인하면서 돌아다녀야 한다. 교통은 어떤지, 편의시설은 잘 갖춰져 있는지, 너무 외진 골목에 있지는 않은지 등 직접 보는 것만큼 효과적인 방법은 없다. 이 동생도 경매를 하느라 서울 여기저기를 돌아다녔다. 그래서 공실이 있음에도 규모가 작아 다른 점포가 입점하기에는 애매한 곳들을 몇 군데 알고 있었고, 공실이 길다는 점을 이용해 비교적 싸게 들어갈 수 있었다. 게다가 인근의 유동인구와 분위기도 어느 정도 파악이 되어 있었기에 어떤 상품을 둬야 손님이 몰릴지도 파악이 됐다.

2단계인 '소득 창출 로드맵'을 정하는 단계도 비교적 수월하게 진행됐다. 실제로 인형 뽑기 가게 사업을 하고 있는 분들을 만나서 조언을 구했고 단기간 아르바이트를 하면서 고객들을 관찰하기 시작했다. 본인의 상권 공부 지식과 유통 채널 확보 강점을 이용해서 작게 사업을 시작하기로 했다. 당시 인형 뽑기 가게들이 마구 생겨나고 있었고 상승 추세였기에 이를 여러 개 프랜차이즈 형식으로 운영하는 것을 목표로 세웠다.

3단계인 '니즈 및 트렌드 파악'도 그녀에게는 그리 어렵지 않았다. 트렌드만 놓고 보면 인형 뽑기 가게도 조금씩 저물어가는 분위기이긴 했다. 하지만 사양 산업이라도 잘해내는 사람이 반드시 있기 마련이다. 그녀 역시 자신의 강점들을 잘 활용한다면 충분히 해낼 수 있음을 확신했다.

4단계 '차별화된 솔루션 개발'에서 그녀의 강점들은 더욱 빛났다. 그녀는 곧장 옛 회사 동료들에게 연락해 좋은 인형과 장난감을 싸게 들여올 수 있도록 이야기를 끝냈고, 경매를 하러 다니던 경험을 살려 가게에 어울릴 만한 매물들을 보러 다녔다. 주로 중·고등학생부터 30대 초반까지 많이 다니는 지역을 위주로 구조가 복잡하지 않고 임대료가 싼 1층 물건들을 물색했다.

마지막으로, 5단계 '시스템 구축하기' 단계에서 그녀는 세 군데에서 자판기 사업을 거의 동시에 시작했다. 한 곳이라도 잘 안 될 경우를 대비할 수도 있고, 잘될 경우 수입을 극대화할 수도 있다는 이유에서였다. 그리고 수입을 올리기 시작하자 이를 바탕으로 또다시 두 군데를 연달아 열었다. 1년쯤 지나니 전체적으로 수입이 줄어들기 시작해 총 다섯 군데 중 두 군데는 다른 사람에게 인계했고, 하나는 완전히 정리한 후 기계들을 카페와 식당 등에 비치했다. 남아 있는 두 곳은 아직 수입이 적지 않다고 한다.

이제는 자판기 사업 자체가 하향세인 것은 사실이다. 게다가 운영하는 자판기 수가 적으면 수입이 적어서 문제고, 너무 많으면 관리가 번거롭다. 만약 혼자서 감당이 안 될 정도로 관리해야 할 자판기가 많다면 돈을 들여서라도 대신 관리할 사람을 구하거나 혼자서 관리 가능할 정도로 자판기 수를 줄여야 한다.

이처럼 하향세로 보이거나 '붐'이 일었지만 곧 꺼질 것 같은 사업에 진입할 때는 더더욱 신중해야 한다. 동생도 자판기 사업을 시작할 때 크게 세 가지를 고려했다. 첫째, 어디에 어떤 자판기를 설치해야 장사가 될 것인지 파악하기 위해 부단히 조사하고 발품을 팔았다. 둘째, 비교적 자유롭게 시간을 조정할 수 있도록 미리 준비했다. 셋째, 자신의 목표 금액과 활용 가능한 시간을 잘 파악해 그 접점을 찾았다. 물론 이렇게 조사를 했음에도 다섯 군데나 되는 곳을 관리하는 게 쉽지는 않았다고 했다.

"그래도 직장 다닐 때처럼 아침부터 저녁까지 묶여 있지는 않았어. 그러니까 지금도 점심 먹고 느긋하게 확인하러 갈 수 있지. 근처 카페에서 커피도 한잔할 수 있고."

이 사례에서 보듯이 강점을 수익화 하는 과정에서 과거에 자신의 경험이나 인맥이 모두 강점으로 적용된다. 또한 이전에 배웠던 지식과 현재의 강한 흥미를 갖고 있는 분야인가의 여부 역시 강점의 수익화에 큰 성공 요인으로 적용된다.

코인빨래방으로 아들 등록금을 모으다

앞서 살펴본 두 사례는 어쩌면 '나와는 거리가 너무 먼 얘기인데'라고 생각했을 수도 있다. 지방이라고는 해도 넓은 부지와 카페를 소유한 사람, 아무리 임대료가 저렴한 편이었다고는 해도 몇 개월 사이에 다섯 군데나 매장을 낸 사람이라면 어느 정도 자금이 있었던 것이니 말이다. 그들에게는 자금력 자체가 하나의 강점이었다. 그런데 이번에 이야기할 사례는 조금 다르다. 큰돈을 들이지 않고 사업을 시작할 수 있었던 사례를 소개하고자 한다.

A씨는 경기도의 대단지 아파트에 살고 있는 30대 후반의 여성이었다. 남편은 편의점 MD로 일하고 있었고, 그녀는 웹디자이너로 일하다가 결혼 후 직장을 그만두고 일거리가 있을 때만 틈틈이 집에서 일했다. 하지만 큰아이가 초등학교에 들어가고 둘째 아이가 어린이집에 다니기 시작하면서 애들 대학 등록금을 미리 마련하고 싶어 일거리를 찾기 시작했다.

봄이 올 무렵 A씨는 대청소도 할 겸 겨울 이불을 세탁하기로 했다. 그런데 신축 아파트라 집에 세탁기가 빌트인_{built-in}으로 설치되어 있었지만 크지 않은 드럼세탁기였기 때문에 겨울 이불은 한 번에 하나만 세탁할 수 있었다.

"이래서 어느 세월에 이불을 빨지? 그냥 코인세탁소에 가서 건조까지 해와야겠다."

하지만 기껏 이불을 바리바리 싸들고 동네의 무인 코인세탁소까지 찾아간 그녀는 짜증이 날 수밖에 없었다. 이불용 세탁기가 따로 있었는데, 이미 누군가 세탁 중인 데다가 대기 중인 사람도 꽤 있었던 것이다. 시간 좀 아껴보려고 여기까지 왔건만 이러다가는 기다리는 시간이 더 들겠다는 생각이 들었다. 그녀는 불만을 가득 안고 어쩔 수 없이 집으로 돌아와야 했다. 그리고 다음 날과 그다음 날까지 코인세탁소를 찾아 간 후에야 겨우 이불을 세탁할 수 있었다.

며칠 후 둘째가 다니는 어린이집에서 알게 된 엄마들을 만나 수다를 떨던 그녀는 세탁소에서 짜증 났던 일화를 털어놓았다. 그러자 여기저기서 비슷한 일을 겪었다는 이야기가 쏟아져 나왔다.

"맞아요. 나도 그랬어요. 이불 빨래는 집에서 하기도 힘든데 코인세탁소는 거기 하나고, 이불 세탁기도 하나밖에 없어서 진짜 불편해요."

"이불만 그런 게 아니던데? 난 남편 등산화랑 내 운동화 좀 빨려고 갔는데, 기다리는 사람이 줄을 섰더라고."

얼마 후 A씨는 신발을 세탁하러 갔다가 코인세탁소의 사장님을 만나게 됐다. 어쩌다 보니 대화를 나누게 됐는데, 그녀는 그간 있었던 불만을 은근슬쩍 이야기했다. 그러자 사장이 미안한 듯이 말했다.

"아이고, 불편하셨겠네요. 제가 좀 일찍 알았으면 좋았을 텐데…. 근데 어쩌죠? 전 이제 여기 접으려고 하거든요."

"아니, 왜요? 사업이 잘 안 되나요?"

"그건 아닌데, 집이 멀어서 관리하러 오는 것도 불편하고, 그렇다고 사람 쓰자니 돈이 들고…. 그래서 여기 접고 동네 중·고등학교 앞에서 분식집을 하려고요."

"아, 그렇구나. 그럼 여기 없어지는 거예요?"

다소 불편함은 있었지만 그래도 바쁠 때면 꽤나 도움이 됐던 곳인데 없어지면 어쩌나 걱정이 됐다. 그러자 사장이 웃으며 말했다.

"그건 아니고요. 다른 사람 찾아서 권리금 받고 넘기려고요. 혹시 여기 직접 해보시는 건 어때요? 동네 사시니까 관리도 편하실 것 같은데요."

그녀는 갑작스런 제안에 당황하긴 했지만 생각해보니 꼭 안 될 이유도 없을 것 같았다. 어차피 무인 세탁소니까 잠깐씩 들러서 관리만 하면 되는데 집 앞이니 크게 불편하지는 않을 것이다. 그리고 이미 이곳을 이용하는 사람들이 무엇을 불편해하는지 잘 알고 있으니 그 불만 사항만 잘 해결해주면 괜찮을 것 같았다.

흥미가 생긴 A씨는 사장에게 비용이 얼마나 드는지, 관리는 어떻게 하는지 등을 물어보았다. 사장은 꼼꼼히 대답을 해주었고 그녀는 점점 구미가 당겼다. 문제는 비용과 남편의 동의를 구하는 것이었다.

"해보고 싶긴 한데 당장 결정하긴 힘든 문제라…. 좀 더 고민해봐도 될까요?"

"아이고, 물론이죠. 제가 권리금 싸게 해드릴게요. 인수할 사람 찾을 거 생각하면 머리 아픈데, 이렇게 쉽게 구하면 저도 좋죠."

A씨는 집에 돌아와 남편에게 상황을 이야기했다. 당장 수천만 원이 들어가는 문제라 남편도 선뜻 결정하지 못했다.

"애들 더 크기 전에 뭐라도 하나 해두면 좋잖아. 마침 권리금도 싸게 해주기로 했고…. 그리고 나 진짜 잘할 자신 있어."

A씨가 그렇게까지 말하자 남편도 고개를 끄덕였다. 잘 안 된다 해도 빚더미에 앉을 정도로 부담스러운 금액은 아니었기에 투자하는 셈 치고 그간 모아둔 돈을 투자해보기로 했다.

A씨는 처음부터 기본 세탁기 두 대를 이불과 신발 세탁기 한 대씩으로 교체할 것까지 계산해 비용을 산정했고, 얼마 후 부부는 세탁소를 인수했다. 그리고 이전 사장이 말한 것보다도 높은 수입을 올렸다. 분명 이전 사장 입장에서는 가게를 인계해야 하니 다소 부풀려 이야기했을 가능성이 높은데도 말이다.

"회전률을 높이려고 노력했어요. 반상회랑 어린이집 엄마들 모임에서 친해진 사람들에게 세탁소 가기 전에 연락해달라고 했어요. 무인 세탁소라 CCTV가 설치되어 있는데 그걸로 세탁기가 비어 있는지 확인해서 알려줬죠. 가끔은 여러 명이 연락 와서 제가 각자 시간대를 정해준 적도 있어요. 그럼 엄마들도 기다리지 않고 이용할 수 있으니 좋고, 저는 회전률을 높일 수 있어서 좋았던 거죠. 이제는 자리를 잡아서 다달이 이자랑 원금 상환하고 적금도 들고 있어요. 애들 대학 등록금 정도는 모을 수 있을 것 같아요."

한 단계 더 나아가기 위해 부동산 강의를 수강한 그녀는 종강하는 날 환하게 웃으며 그렇게 말했다. A씨의 성공에는 적절한 시기에 목이 좋은 코인세탁소를 내놓으려는 사장을 만난 것, 초기 비용을 대출받을 수 있었다는 운도 있었다. 그러나 그 운을 수익으로 바꾼 것 역시 그녀가 강점을 수익화하는 리치 플랜 5단계를 거친 덕이었다. 단계별로 살펴보면 다음과 같다.

1단계, 강점과 흥미의 발견은 여러 형태로 나타났다. 우선 자신이 실제 이용자로서 불편한 점을 알고 있었고, 주민으로서 최대 고객층인 아파트 입주민들이 코인세탁소에 가장 원하는 바가 무엇인지를 명확히 인지했다. 전업주부로서 시간 조절이 가능했고 집 근처라 관리가 편하다는 점도 알고 있었다. 또한 '엄마'라는 점도 그녀에게는 강점이었다. 그 지역 코인세탁소의 주요 이용 고객은 3040 엄마들이었는데, 그런 엄마들의 모임에서 자신과 같은 불편함을 겪는 사람이 많음을 확인했던 것이다.

2단계, 소득 창출 로드맵을 찾는 과정은 보통의 수순과 조금 달랐다. 자신의 강점을 파악하고 이를 활용할 분야를 찾은 게 아니라, 역으로 어떤 분야에 접근할 기회가 생긴 후 자신의 강점이 이에 맞는지를 파악한 것이다. 벤치마킹 대상을 찾지는 않았지만 이미 그곳을 운영하고 떠난 '사장님'이라는 반면교사가 있었다. 다른 지역에 살고 있다는 한계 때문에 실질적인 고객층의 니즈를 파악하지 못한 이전 사장의 실책을 명확히 분석한 것이다.

시장의 니즈와 트렌드를 파악하는 3단계는 그녀에게 크게 어렵지 않았다. 코인세탁소가 인기를 끌고 있다는 점에서 이미 트렌드는 파악된 것이었고, 그중 이불과 신발 세탁을 하는 사람이 많다는 것은 엄마들의 모임에서 알게 되었다. 또한 초기 비용이 어느 정도 감당할 수 있는 수준임을 명확히 알았기에 더욱 확신을 가지고 남편을 설득할 수 있었다.

4단계 차별화된 솔루션 만들기와 5단계 시스템 구축하기는 1단계와 연결된다. 그녀의 강점을 두 가지로 정리하자면 동네 '주민'이자 '엄마'라는 것이다. 실제 주민으로서 이용객들에 대해 명확히 알고 있었고, 엄마로서 이들과 원윈할 수 있는 방법을 찾아냈다. 아파트에 빌트인으로 설치된 드럼세탁기로는 감당하기 힘든 이불과 신발 전용 세탁기 수를 늘리기로 해 차별화된 솔루션을 제공할 수 있던 것은 실제 주민들, 그중에서도 주요 이용 고객인 엄마들의 불만을 들었기 때문에 가능했다. 또한 그녀 역시 엄마로서 다른 엄마들에게 세탁소가 비어 있는 시간을 알려 회전률을 높였다.

이처럼 사업, 특히 부동산과 관련이 있는 사업이라면 자신이 실제 거주하는 지역부터 시작할 것을 권한다. 이용객이 어떤 사람들인지, 그들이 원하는 것이 무엇인지 실제 주민보다 잘 아는 사람은 없기 때문이다. 또한 자신이 살고 있는 지역일수록 부동산 임대료도 더 정확히 파악할 수 있어 시작부터 바가지를 쓸 확률이 줄어든다.

부자가 되는
두 가지 공식

"여러분, 부자가 되려면 어떻게 해야 할까요?"

강연 중에 이렇게 질문을 던지면 대체로 투자나 재테크를 한다, 사업을 한다 같은 답변을 듣는다. 하지만 그렇게 답하는 사람들 중 정작 투자를 하는 사람은 드물고, 사업을 하는 사람은 더욱 드물다. 그 이유를 물어보면 하나같이 이렇게 말한다.

"종잣돈이 있어야 투자든 사업이든 하죠. 결국 돈이 돈을 버는 세상이니까요."

많은 사람들은 부자가 되려면 돈이 있어야 한다고 생각한다. 물론 그것도 한 가지 방법이긴 하다. 그렇지만 과연 그것이 전부일까? 부자로 태어나지 못했지만 결국 부자가 된 사람들이 있다. 소위 말하는 자수성가형 부자들이다. 그들의 공통점은 무엇일까? 경제경영서 책을 수백 권을 읽고 수많은 성공담을 읽으면서 나는 다음과 같은 사실을 발견했다. 바로 이들은 '부자가 되기 위한 공식'을 따랐다는 것이었다. 이 공식에 따라서 투자, 사업 등을 하면서 부를 쌓아갔다. 나 역시 이 공식에 따라서 한 걸음, 한 걸음 앞으로 나아갔다.

이 공식은 강점 재테크로 새로운 소득을 창출하는 과정에서도 의미있는 공식이다.

공투부 공식 (R=SI)

- R(부자) = S(공부) x I(투자)
→ '공부하고 투자하면 부자가 된다.'

여기서 S는 Study, I는 Invest, R은 Rich를 뜻한다. 즉, 돈 공부(S)를 철저히 하고 재테크, 사업, 자기 자신에게 투자(I)하면 결국 부자(R)가 된다는 의미다. 이때 몇 가지 주의할 점이 있다.

첫째, 공부에는 여러 가지가 포함될 수 있지만 그 근간은 '돈 공부'여야 한다.

둘째, 투자는 재테크나 주식 등에 대한 투자와 함께 '자기 자신에 대한 투자'를 포함한다.

셋째, 부자란 '경제적 자유를 누리는 사람'이다.

아마도 '부자가 되는 공식이 있다'는 말을 부정하고 싶은 사람도 있을 것이다. 물론 모든 부자가 이 공식에 따라 부자가 된 것은 아니겠지만 이 공식을 제대로 지킨 사람은 모두 부자가 될 수밖에 없다. 빈부격차가 점점 심해지고 부자는 더 부자가 되는 세상이라지만 지금이야말로 예전보다 더 많은 기회가 산재해 있다. 다만 그 기회를 포착할 수 있는가, 기회가 왔을 때 바로 알아보고 잡을 수 있을 만큼의 준비(강점을 극대화하기 위한 자기 투자)가 되어 있는가의 차이일 뿐이다.

현재 외국인을 대상으로 부동산을 중개하는 회사를 개업에 엄청난 수익을 거두고 있는 선배가 있다. 유창한 영어로 외국인에게 각종 매물을 소개하는 선배를 보고 있으면 오랫동안 부동산에 몸담아온 선수처럼 느껴지지만 사실 선배가 부동산에 발을 들인 것은 아이가 중학교에 입학하면서였다. 그 전에는 부동산의 '부'자도 모르는 사람이었다. 아이들이 고등학교, 대학교에 진학하면 학비가 배로 들 텐데, 그에 대비책을 마련해야 한다는 생각에서였다. 처음에는 부동산 투자가 각광받고 있는 것 같으니 일단 '부동산' 쪽으로 파보자, 공인중개사 자격증을 따보자 하는 생각으로 목표를 세우고 아이가 학교에 가 있는 시간을 틈타 공부를 했다.

자격증을 딴 후에는 이태원 인근 부동산중개소에서 일을 시작했다.

3년 정도 일하다 보니 나름 부동산이라면 빠삭하게 알게 되었다. 자신을 찾는 단골손님도 있을 정도였다. 주변에서는 실장으로 3년 정도 일했으면 직접 중개소를 차려도 되지 않느냐고 했고, 선배 역시 직접 중개소를 운영해보고 싶다는 생각이 들었다.

그러나 그녀가 중개소를 차린 것은 그로부터 2년이 더 지난 후였다. 약간의 자금도 있었고 바로 시작할 여건이 되었지만, 선배는 뭔가 확실하게 차별화된 중개소를 하고 싶었다. 마침 자신이 일을 시작한 곳이 이태원이었고, 이태원에 외국인들이 집을 많이 보러 다닌다는 사실을 떠올리자 외국인 대상으로 한 중개소를 차리고 싶었다. 그 길로 그녀는 다시 영어 공부에 매진했다. 지금은? 앞서 이야기한 대로 확실히 차별화된 중개소로 승승장구하고 있다.

어떻게 그녀는 그런 성공을 이룰 수 있었을까? 그녀가 거친 과정을 들여다보면 그녀 역시 공투부 공식을 그대로 따랐음을 알 수 있다. 먼저 아이들이 잠든 후 틈틈이 공인중개사 자격증을 준비했다. 그 시간과 노력, 비용은 자기 자신에 대한 '투자'였다. 외국인 전문 회사인 만큼 외국어를 공부해야 했기에 회화 학원에 다니느라 또 시간과 비용이 들었지만 이 역시 투자였다. 고객을 상대하는 데 필요한 협상과 세일즈를 배우느라 대학원을 다닌 것도 마찬가지다.

그렇다면 '공부'는 무엇이었을까? 공인중개사 자격증을 따기 위해 했던 공부, 외국인을 대상으로 하는 외국인 전문 임대 사업을 하기로 결론을 얻기까지 업계 전체와 고객에 대한 연구도 공부에 포함된다. 그냥 수동적으로 주어진 일만 한 것이 아니라 생생한 현장에서 살아 있는 지식을 끊임없이 연구한 것이다.

자기 투자의 연료가 되어주는 '콤플렉스'

직장에서 만난 한 은행 지점장님은 전국의 그 많은 지점 중 다섯 손가락 안에 들 정도로 성과가 좋았다. 한번은 회식 자리에서 그분에게 성과의 비결을 물은 적이 있다. 그러자 그분은 잠시 고민하더니 이렇게 말했다.

"나는 콤플렉스가 많았어요. 내가 성과를 낸 것은 그 콤플렉스들 덕분이 아닐까 싶어요."

그분은 상업고등학교를 졸업하고 곧바로 은행에 취직했다고 한다. 그런데 당시 부서에는 그분처럼 상업고등학교만 나오고 바로 취직한 사람이 대학 졸업생 못지않게 많았음에도, 결국 높은 자리로 올라가고 인정받는 것은 대학 졸업생들이었다. 특히 명문대 출신 직원들과 끊임없이 비교를 당해야 했다.

결국 학력에 대한 콤플렉스 때문에 지점장님은 야간대학교에 지원했고, 은행을 다니면서 대학원까지 졸업했다. 그리고 '상업고등학교 출신이라 저렇다'는 말을 듣지 않기 위해 누구보다 열심히 일했다. 그 결과 큰 성과를 냈고 승진 가도에 올라 지점장이 될 수 있었다고 한다.

이처럼 때로는 약점이라 여기기 쉬운 콤플렉스가 오히려 강점으로 작용해 성공의 무기가 되기도 한다. 《하와이로 간 젊은 부자 성공 비밀

38》의 저자 히로 나카지마 역시 같은 주장을 한 바 있다. 이 책에는 다음과 같은 공식이 나온다.

$$A(\text{의지력}) \times X(\text{자산}) + C(\text{콤플렉스}) = Y(\text{은퇴 후 자유})$$

공식을 풀어서 해석하면, Y는 젊어서 은퇴한 뒤 자유롭게 사는 삶이다. 이것은 의지력(A)과 자산 또는 수입(X), 여기에 콤플렉스(C)가 더해져야 가능하다.

"콤플렉스가 부를 안겨준다고?"

처음 이 공식을 봤을 때는 충격적이었다. 하지만 책을 다 읽은 후에는 수긍할 수 있었다. 저자는 어린 시절부터 가정 형편이 좋지 않아 콤플렉스가 많았는데, 오히려 그 덕분에 더욱 빨리 경제적 자유를 찾을 수 있었다. 그는 집안이 어려웠던 탓에 고등학교 때는 낮에 일하고 밤에 공부할 수 있는 자동차 공장 기숙사 학교에 진학했다. 공장에는 작은 창문이 하나 있었는데, 일하다가 잠시 고개를 들면 그 너머로 손수건만 하게 보이는 푸른 하늘을 보며 자유를 갈망했다고 한다. 자신과 달리 경제적인 걱정이 없는 친구들은 이런 답답한 공장에 갇혀 기계처럼 일할 리가 없을 테니, 그런 갈망이 드는 건 자연스러운 일이었다. 그에게는 가난이 곧 콤플렉스였다.

경제적 자유에 대한 갈망, 가난이라는 콤플렉스를 벗어나겠다는 열망으로 그는 세일즈를 배우고 사업을 시작했으며, 주식과 부동산 투자로 놀라운 성과를 이루었다. 그리고 마침내 젊은 나이에 자신이 꿈꾸던 삶, 하와이에서 마음껏 서핑을 하는 경제적 자유를 누리며 살아가게 되었다.

물론 인생은 공평하지 않다. 누군가는 부모를 잘 만나 아무런 걱정 없이 대학에 진학하고 유학도 다녀온다. 반면 누군가는 철이 들기도 전부터 가족을 부양해야 하고 세상의 어려움과 냉혹함을 겪어야만 한다. 하지만 세상은 어떻게 태어났느냐보다 어떻게 살아가느냐가 중요하다. 어떤 사람은 콤플렉스가 있을 때 다른 사람이나 환경을 탓하고 쉽게 포기한 채 주저앉는다. 반면에 어떤 사람은 콤플렉스가 있을 때 거기서 벗어나기를 갈망하고 이를 위해 행동한다.

결국 콤플렉스에 갇혀 좌절하느냐, 콤플렉스에서 탈출해 이겨내느냐는 이런 갈망과 행동, 끊임없는 자기 투자에 달려 있다. 그러니 콤플렉스도 강점이 될 수 있다. 당신이 숨기고 싶었던 약점과 콤플렉스를 과감히 강점으로 활용해보는 건 어떨까.

제3장

강점을 돈으로 바꾸는
결정적 노하우

스스로를 믿어야 강점을
돈으로 만들 수 있다

강연 혹은 멘토링을 하며 엄마들에게 "본인의 강점에 대해 생각해보세요.", "어머니는 이런 걸 정말 잘하시네요!" 하면 십중팔구 이런 대답이 돌아온다.

"아니에요. 제가 뭘….."

"에이, 저보다 잘하는 사람이 얼마나 많은데요."

많은 여성들이 '겸손이 미덕'이라고 배웠고 양보하고 물러나는 태도가 몸에 배어 있어 자신의 강점에 대해 당당히 말하는 것을 불편해한다. 특히 엄마들은 집안일과 육아에 치여 자신을 돌볼 시간이 없고 본의 아니게 경력 단절을 겪는다. 그 과정에서 나도 모르게 자신감과 자존감이 많이 떨어지게 된다. 나 역시 그러했기에 그 마음을 십분 이해한다.

후배 보영이는 수년간 열심히 준비하여 자신의 꿈이었던 승무원이 되었다. 하지만 비행 중에 불편한 의자에서 허리를 꼿꼿이 세우고 앉아 있는 시간이 많고, 기내에서 밀고 다니는 카트가 보기와는 달리 상당히 무거운 탓에 허리 디스크에 걸렸다. 그녀는 결국 3년여 만에 일을 그만 두었다. 이후 건강도 되찾을 겸 평소에 관심이 있던 필라테스를 열심히 배웠고, 점점 빠져들더니 강사 자격증까지 땄다. 나는 그녀가 자격증을 시작으로 자신의 커리어를 좀 더 확장하길 바라는 마음에 이렇게 말했다.

"보영아, 유튜브 필라테스 채널 시작해 보는 거 어때? 너는 잘하니까 금방 구독자가 많아질 거야. 그러다 보면 TV에 나올 수도 있잖아!"

그러나 돌아온 대답은 이랬다.

"아니야, 언니. 내가 무슨 방송이야. 나보다 젊고 예쁘고 운동도 잘하는 사람이 얼마나 많은데…."

결국 그녀는 유튜브 채널조차 개설하지 않았고, 지금도 시간 강사로 자신을 찾아주는 곳이 있을 때만 몇 시간씩 강의를 하고 있다. 그러는 사이 많은 이들이 필라테스 시장에 뛰어들면서 경쟁이 과열되었다. 아마 유튜브도 지금 시작하려 한다면 그때보다 몇 배는 힘들 것이다.

만약 그녀가 남들과 비교하기를 멈추고 몇 년 전 내 조언대로 했다면 어땠을까? 물론 결과가 좋았을 거라는 보장은 없다. 하지만 지금보다는 훨씬 경쟁력이 있었을 것이고 시장도 더 좋았던 것만은 분명하다. 자신보다 젊고 잘하는 사람들만 유튜브 채널을 만들고 TV에 출연하는 것도 아닌데, 그녀는 그런 사람들만을 비교 대상으로 삼았기에 좋은 기회를 놓친 것이다.

강점이라고 믿어야 더욱 강력해진다

누구나 강점을 하나씩은 갖고 태어난다. 어렸을 적부터 조금 잘하는 것 정도는 모두 갖고 있다. 그렇기 때문에 누구나 경제적 자유를 누리는 부자가 될 수 있다.

그러나 지금까지 만난 수많은 여성들, 특히 엄마들은 쉽게 자신의 강점을 믿지 않았다. 주변에서 아무리 잘한다고 해도 아니라고 부정했다. 그래서 나는 강점을 발견할 때 중요한 건 '믿음'이라고 말한다.

이번 장에서는 시크릿 리치 플랜의 바탕이 되는 강점, 돈이 되는 강점을 발견하고 개발하는 결정적인 노하우들을 알아보도록 하겠다. 돌아보면 나는 강점이 많다기보다 작은 칭찬 하나를 들으면 그것을 결코 잊지 않았던 것 같다. 칭찬을 들으면 그것이 내 강점이라고 믿었다. 초등학교 시절 친구가 해준 "넌 목소리가 정말 예쁘구나."라는 한마디에 시 낭송 대회에 출전해 상을 받았고 방송반에 지원했다. 통번역 대학원에서도 지나가면서 동기가 해준 말 한마디에 조금 더 자신 있게 통역을 전공할 수 있었다. "넌 정말 쉽게 전달하는구나."

또한 대학 시절 수학을 전공했다는 이야기에 많은 사람들이 "그럼

분석력이 좋겠네."라고 해준 말도 흘려듣지 않았다. 사실 나는 수학을 전공하긴 했어도 수학 공부가 잘 맞지 않아 졸업도 가까스로 했고, 돌이켜보건대 분석력도 그다지 뛰어난 편은 아니었다. 그럼에도 주위에서 그렇게 말해주는 것을 듣고는 분석력이 나의 강점이라 믿기 시작했고, 이때부터 책을 읽거나 투자를 할 때도 분석하는 것이 습관이 되었다. 그리고 결국 '분석력은 나의 강점이다'라고 당당히 말할 수 있게 되었다.

강점을 발견하는 방법에 대해 이야기하기 전에 먼저 믿음에 대해 이야기한 이유는 바로 믿음이 기본적인 토대가 되어야 하기 때문이다. 지금부터는 사람들이 잘한다고 칭찬했던 것, 나 스스로도 잘한다고 여겼던 것을 나의 강점이라고 진심으로 믿어보자. 처음부터 완벽한 강점을 가지고 시작하는 사람은 없다. 나 스스로 잘한다고 믿어주지 않고 끊임없이 비교급으로 나의 강점을 판단한다면, 우리에게 강점이란 영원히 없다. 단 1퍼센트라도 가능성이 있다면 그 1퍼센트에 믿음을 주자. 그러면 정말로 나의 강점이 되어 내 삶에 변화를 가져다줄 것이다.

돈이 되는 강점을 발견하는 법

강점은 앞에서 이야기한 여러 이유로 잘 드러나지 않아서 옛것처럼 되어버리기 일쑤다. 혹은 예전에는 강점이라 해석했지만 지금은 아니라고 생각하는 경우도 많다. 그래서 재해석이 필요하다.

여기서는 자신이 갖고 있는 특별한 자질이나 능력, 역량을 다른 시선으로 바라보고 재해석함으로써 그것을 나만의 자산으로 만드는 방법에 대해 알아보고자 한다. 자신이 갖고 있는 강점을 발견하는 다섯 가지 방법에 대해 살펴보자.

단점을 강점화하기

'꿈보다 해몽'이라는 말도 있듯이 강점 역시 해석하기 나름이다. 때로는 단점을 뒤집으면 장점이 되기도 한다. 특히 당신이 엄마라면, 엄마라는 사실 자체를 약점이라 여길지도 모른다. 워킹맘이건 전업주부건 온종일 시간에 쫓기느라 강점을 발견할 수도, 이를 활용해 아바타 소득을 만들어낼 수도 없다고 생각할 것이다.

하지만 앞에서도 강조했듯이 엄마들은 엄마이기 때문에 가질 수 있는 강점이 있다. 실제로 파워 블로거 중에는 전업주부가 무척 많다. 그중에는 오전에 해야 할 일을 끝내고 아이들을 어린이집에 보내고 남은 잠깐의 시간에 블로그를 운영하는 경우도 많다. 그리고 이렇게 운영한 블로그가 인기를 끌면 그 결과물을 가지고 책을 내면서 수입원과 커리어를 만들어가기도 한다.

이처럼 뭔가를 하기에는 치명적인 약점이라고 생각할 수 있는 것들도 뒤집어서 보면 강점이 될 수 있다. 평소 단점이라고 생각했던 것들이 있다면 그 이면에 숨은 장점은 무엇인지 찾아보자.

강점에 새로운 의미 부여하기

강점을 찾아내는 또 다른 방법으로 '이미 알고 있던 강점에 새로운 의미를 부여하는 것'이 있다. 앞에서는 강점이 아닌 것을 강점으로 해석하는 방법을 이야기했다면, 여기서는 내가 알고 있는 강점을 새롭게 바라보는 것에 대해 이야기하고자 한다.

누구나 그런 경험이 있을 것이다. 내 장점 중 하나라는 생각은 들지만 그게 뭐 그리 특별한가 싶은 재능. 장점인 건 알겠지만 그게 무슨 쓸모가 있을까 싶은 것. 그러나 강점의 쓸모 역시 어떻게 해석하느냐에 따라 완전히 달라진다. 강점은 새로운 의미가 부여되면 전혀 다른 모습으로 나타난다.

오프라 윈프리는 세계적으로 유명한 방송 진행자이지만 처음 시작은 뉴스리포터였다. 기자는 어떤 상황에서도 사실 정보를 잘 전하기 위해 이성적인 태도가 요구된다. 그것은 오프라 윈프리에게도 마찬가지였다. 어느 날, 윈프리는 화재 현장으로 취재를 가게 되고 여느 때와 같이 이성적으로 취재하고 화재 소식을 전해야 했다. 하지만 막상 자식을 잃고 큰 슬픔에 잠겨 있는 사람들을 대면하자 윈프리는 화재 경위나 심정을 묻는 것이 너무 잔인하다는 생각이 들었다. 결국 취재하면서 '아무 말씀 안 하셔도 됩니다'라며 위로의 말을 전하고 회사로 돌아오게 된다.

이렇게 감성적이고 솔직한 성격 때문에 뉴스 기자, 앵커로서 부적합하다는 평가를 받고 그녀는 토크쇼로 밀려나게 된다. 그 이후의 일은 다들 잘 알 것이다. 그녀 특유의 공감력, 솔직함으로 그녀의 토크쇼는 승승장구 했고 25년 동안 최고의 쇼를 이끌고 있다. 공감과 경청이라는 그녀의 특성을 새로운 시각에서 바라보지 못했다면 그것은 강점으로 인식되지 못했을 것이다.

평소에 나는 이야기를 잘 들어주고 다른 사람의 말에 굉장히 공감을 잘해준다는 말을 자주 들었다. 이런 특성은 입시학원 강사로 일할 때는 그다지 도움이 되지 못했다. 아이들이 과제를 제대로 하지 않거나 방황하는 모습을 보이면 따끔하게 혼을 낼 필요가 있을 때도 있는데, 나는 '어제 무슨 일이 있었느냐' 물으며 아이들의 얼굴 표정을 살피곤 했다. 이미 학원 두세 곳을 다니고 있는 아이들이 안쓰럽게 여겨졌기 때문이었다. 그렇지만 통번역사로 일할 때는 이것이 강점으로 발휘할 수 있었다. 통역할 때 사람의 표정으로 감정을 읽을 수 있어 훨씬 자연스러운 표현과 뉘앙스를 찾아 통역할 수 있었다. 물론 책을 쓸 때도 큰 도움이 되었다. 집필할 때 나는 육아, 일, 재테크를 병행하며 지쳐 있을 엄마들의 마음을 생각하곤 했는데, 그것이 이후에 방법만 일러주는 책이 아니라 위로도 건네주는 책이었다는 호평을 받게 해주었다. 모르긴 몰라도 내 책이 베스트셀러가 되었던 이유 중에 하나가 아니었나 싶다.

경험을 통해 발견하기

강점을 발견하는 데 있어 경험만큼 좋은 것도 없다. 뭐든지 말이나 생각으로만 해보는 것과 직접 해보는 것은 하늘과 땅만큼이나 차이가 있다. 요즘 많은 부모들이 자녀들이 다양한 재능을 발견할 수 있도록 여러 악기나 운동 등을 접하게 하는 것 역시 경험을 통해 강점을 찾아가게 하기 위함이다. 경험을 해보면 그게 정말 나의 강점인지 아닌지도 명확해지고, 강점일 경우는 이를 어떻게 활용할지에 대한 힌트를 얻게 된다.

인스타그램에 여자 친구와의 여행 사진을 올리면서 스타가 된 사람이 있다. 그는 본업이 따로 있었고 자신이 사진작가가 될 정도의 재능이 있다고 생각하지도 않았다. 하지만 여자 친구와 국내외 여러 여행지를 다니면서 찍은 사진과 영상들을 업로드하자 여기저기서 그에게 사진 촬영과 브랜드 홍보를 의뢰하기 시작했다. 그는 프로가 아니었기에 일단은 겸손한 자세로 지인의 부탁부터 시작해 의뢰받은 일들을 하나씩 해나갔다. 만약 자신이 전문 사진작가가 아니라는 이유로 거절했다면 그의 재능은 더 이상 개발되거나 확장되기 어려웠을 것이다. 그는 의뢰받은 일을 하나씩 해냈고 작은 성과를 내면서 점점 많은 의뢰가 들어오기 시작했고, 결국 본업을 그만두고 사진작가로 나섰다. 원래 '디지털 노마드'와 같은 자유로운 삶을 원했던 그는 예전보다 몇 배가 넘는 수입을 얻으면서 프리랜서 사진작가로 활동하고 있다.

결국 취미가 됐건 직업이 됐건 직접 해보고 경험을 쌓은 뒤 자신에게 들어온 기회를 놓치지 않는 사람들이 강점을 소득으로 연결시키는 힘을 얻는다. 만약 당장 새로운 경험을 쌓기 어렵다면 지금까지의 경험을 한번 반추해보자.

강점의 발견 4

관계를 통해 발견하기

강점을 발견하는 또 다른 방법은 관계를 확장시켜 그 안에서 많은 정보를 접하고 새로운 사람들과 소통하는 것이다. 그러면 자기도 몰랐던 강점을 주변에서 알려주거나 발견하게 된다. 이는 자신의 강점이 강점인 줄도 모르고 살아가는 엄마들에게 특히 효과적이다.

변화를 원할 때 사람들은 보통 자기 자신부터 변하고자 하는데, 사실은 만나는 사람을 바꾸는 게 빠르고 강력한 변화를 만들어내는 비결이다. 타인은 나와 다른 사람이기에 그들과의 관계를 통해 다양한 생각과 정보를 접함으로써 수많은 통찰을 얻을 수 있다. 그리고 그들이 나자신의 거울 같은 역할을 하기 때문에 그들을 통해 나의 새로운 모습을 발견하기도 한다.

특히 육아와 살림으로 시간을 내기 힘든 엄마들에게는 SNS 채널을 적극 활용하기를 권한다. 예를 들면 페이스북, 인스타그램, 엄마들 자주 가는 인터넷 카페 등이다. 이런 채널만 잘 활용해서 유용한 정보를 얻을 수 있고 의미 있는 관계를 맺을 수 있다.

엄마들을 대상으로 고민 상담과 글쓰기 수업을 진행하는 한 후배가 있다. 그런데 신기하게도 그 일을 하게 된 계기가 바로 맘 카페였다. 처음에는 육아에 필요한 중고물품을 얻기 위해 맘 카페에 접속했었는데, 어느 날부터인가 엄마들이 올리는 고민 글을 읽게 되었다. 그런 글들에 심히 공감했던 후배는 진심을 담아서 댓글을 남겼는데, 놀랍게도 수많은 엄마들이 이 후배의 댓글에 공감했다. 이런 일이 점점 반복되자, 후배는 카페 운영진으로부터 별도의 게시판에 글을 게시해달라는 요청을 받게 되었다. 엄마들의 꿈과 고민에 관한 주제로 말이다. 후배는 자신의 이야기를 풀어놓는다는 느낌으로 글을 쓰기 시작했는데, 그 반응이 폭발적이었다.

'제 이야기 같아요. 덕분에 많은 도움이 됐어요.'

'안 그래도 막막했는데, 좋은 글 덕분에 기운을 얻고 갑니다.'

정기적으로 후배의 글을 찾아 카페에 접속하는 사람이 늘면서 그녀는 비슷한 고민을 나누는 엄마들의 모임까지 열게 되었다. 오프라인 모임에서도 후배의 상담 능력은 빛을 발했다. 카페를 통해 오프라인 모임 요청이 들어왔던 것이다.

이것을 시작으로 그녀는 엄마들과의 모임을 정기적으로 운영했고, 그 안에서 고민 상담과 글쓰기 워크숍을 열어 진행하고 있다. 이 활동은 지역 주민센터와 연계한 프로그램 개설까지 이어졌고 이것으로 소소하지만 꾸준한 수익을 얻게 되었다.

환경을 통해 발견하기

자신이 어떤 환경에 있느냐에 따라, 환경을 어떻게 활용하느냐에 따라 자신의 강점이 더욱 강화되기도 하고 퇴화되기도 한다. 그런 맥락에서 현재 나의 환경 안에서 강점을 발견하고 강화하고 활용할 기회가 있는지 살펴보는 것은 중요하다. 특히 엄마들은 시간과 공간의 제약을 크게 받기 때문에 인근 환경을 이용하는 것은 매우 유용한 방법이라 할 수 있다. 우선 물리적 거리가 가까워 이동에 대한 부담이 적기 때문이다. 게다가 다른 지역에 비해 이미 익숙한 곳이므로 타 지역에 비해 정보를 검색하는 것이 더욱 용이하다.

그렇다면 내가 속한 지역사회를 어떻게 나의 강점에 활용할 수 있을까? 크게 세 가지 차원에서 접근할 수 있다.

첫째, 지역사회의 자원을 통해 강점을 발견한다. 우선 주민센터나 문화센터를 비롯해 공공기관에서 운영하는 무료 세미나나 수업 등을 이용하자. 지인 중에는 주민센터에서 무료로 진행하는 커피 바리스타 과정을 이수해 자격증을 따고 파트타임으로 일을 하고 있는 사람이 있다. 지역 공공기관에서 운영하는 강좌나 세미나는 비교적 참가비가 저렴하기 때문에 강점 개발에 있어 시간과 돈을 절약하도록 해준다.

둘째, 지역사회의 자원을 활용해 강점을 강화한다. 나의 강점이나 흥미와 관련해 지역사회 커뮤니티에 참여할 수 있는 방법을 찾아보자. 경기도의 아파트 대단지 근처에 있는 한 마카롱 카페는 독서 모임을 운영하고 있다. 평소 책을 좋아하고 많이 읽는 엄마라면 이런 독서 모임에 참여해 회원들과 인맥도 쌓고 지식과 정보를 얻을 수 있다. 또한 독서 모임에 단순히 참여하는 것을 넘어 자신만의 프로그램을 직접 제안해볼 수도 있다. 이 경우 당장의 수입보다는 쉽게 해보기 힘든 경험을 쌓을 수 있다는 점에서 큰 의미가 있다.

또 학생들이 영어 시험이나 면접을 대비해 스터디 그룹을 만드는 것처럼, 엄마들도 동네에서 스터디 그룹을 만들 수 있다. 기본기가 확실히 갖춰져 있지 않은 상태에서 뭔가를 배울 때는 함께 기운을 북돋아줄 수 있고 어느 정도 강제성이 있는 모임에 소속되는 것이 효과적이다. 그런 의미에서 자주 만나고 서로를 응원해주면서 지식과 정보도 공유할 수 있는 지역 사람들의 모임에 나가볼 것을 권한다.

셋째, 이번에는 역으로 나의 강점을 지역사회에서 활용하며 강화한다. 강점이 있다 해도 제대로 활용하지 못한다면 그동안 강점을 발견하고 강화해온 시간들과 노력이 헛되이 될 수도 있다. 이럴 때는 주민센터나 문화센터 등을 통해 '재능 기부'를 해보는 것도 좋다. 예를 들면, 재능 기부로 풍선 아트를 교육하는 일을 시작한 사람이 있다. 처음에는 이벤트 행사가 때 재능 기부로 참여했던 것인데, 이후에 취미 교육으로 초빙 받게 되어 기대하지도 않았던 부수입을 거두게 되었다.

이 밖에도 지역 주민센터나 구청에서는 여성들, 특히 경력 단절 여성을 위한 여러 가지 혜택과 지원 프로그램이 있다. 또한 창업 지원 프로그램도 있는데 많은 사람들이 이를 모르고 지나간다. 잘만 활용하면 얼마든지 좋은 기회가 열릴 수도 있다. 실제로 몇 년 전쯤 송파구청의 창업지원센터에서 운영하는 바리스타 수업을 들었던 엄마 다섯 명이 함께 모여 카페를 창업해 이슈가 되기도 했다. 이들은 앞서 말한 지역 사회의 자원을 활용해 강점을 발견하고 활용하는 데까지 이어간 사례라 할 수 있다.

강점을 갈고닦아
강력한 무기로 만드는 법

강점을 발견하는 일 못지않게 중요한 일이 있다. 바로 그렇게 발견한 강점을 개발하는 것이다. 한마디로 나의 강점을 세상에서 원하는 형태 (제품, 서비스, 콘텐츠, 솔루션 등)로 구현해내는 일이다. 강점은 쓸수록 무조건 강력해지는 법이다. 아무리 타고난 재능이 있어도 오랫동안 사용하지 않으면 퇴화될 수도 있다.

한번은 어떤 모임에서 보컬 트레이너를 만난 적이 있었다. 그런데 그 자리에 있던 한 사람이 자신은 원래 노래 잘하기로 지인들 사이에서 칭찬이 자자했는데, 나이가 들어서 그런지 흥얼거리는 건 잘되는데 진지하게 부르려 하면 잘 안 된다고 했다.

"예전에는 고음도 잘 올라갔는데 요즘엔 잘 안 돼요. 집에서도 매일 흥얼거리거든요. 왜 그럴까요?"

그러자 보컬 트레이너가 이렇게 말했다.

"집에서 흥얼거리는 데 익숙하시면 원음으로는 못 부르시겠네요? 고음도 낮춰서 흥얼거리시지는 않나요? 사실 그건 연습이 아니에요. 오히려 성대가 낮은 음에 익숙해져서 고음이 더 안 나올 수도 있어요."

이는 강점을 제대로 사용하지 못해 퇴화한 경우다. 그 사람이 집에서 흥얼거리는 게 아니라 제대로 노래 연습을 했다면 오히려 전보다 고음도 훨씬 잘 나왔을 것이다.

이제부터는 나의 강점을 갈고닦아 강력한 무기로 개발하는 방법에 대해 알아보자.

강점을 세분화하기

강점 재테크의 핵심은 '나의 강점을 어떻게 발전시키고 수익으로 연결시키느냐'이다. 이를 통해서 의미와 물질적인 만족감을 함께 누리는 것이다. 만약 어떤 강점을 택해야 할지 잘 모르겠다면 자신이 생각한 여러 가지 강점들을 모두 나열해보자. 강점끼리도 상호 보완이 되는 경우가 있다. 이러한 강점들을 각각 하나의 업으로 삼아 수익을 다각화할 것인가, 아니면 그중 가장 핵심이 되는 강점에 올인할 것인가를 정하면 된다.

나는 여러 강점들을 가능한 모두 활용한 경우다. 수학을 전공하면서 갖게 된 분석력과 꼼꼼함으로 금융과 재테크를 시작했다. 또한 공감 능력과 글쓰기 능력을 바탕으로 책을 쓰기 시작했다. 그동안 쌓인 전문성을 바탕으로 강연과 유튜브를 진행하고 있다. 물론 이러한 강점들이 모두 동시에 개발되고 효과를 나타내었던 것은 아니다. 한 번에 하나씩 나의 강점에 집중하면서 순차적으로 개발하려고 했다.

우연히 알게 된 일러스트 작가가 있다. 평범한 회사원이었던 그녀는 어린 시절부터 취미 삼아 노트에 만화를 그렸는데, 웹툰을 그려보고 싶은 생각에 퇴근 후 학원에 다니면서 포토샵과 일러스트레이터, 드로잉 등을 배우기 시작했다고 한다. 이후 일러스트 작가로 전향했고 언젠가 연재하는 것을 목표로 자신의 블로그에 웹툰을 올리고 있다.

여기까지만 보면 '그림'이라는 강점만을 활용하는 것에 불과할 수 있다. 하지만 그녀는 웹툰을 그릴 수 있는 수준이 되자 대학 시절 몇 년간 중국 유학을 다녀온 경험을 살려 중국어 강사로도 일하고 있다. 또 예전부터 노래를 잘한다는 말을 들어 취미 삼아 보컬 트레이닝을 받더니, 결혼식 시즌에는 주말에 축가를 부르며 부수입을 올리고 있다. 그녀의 강점들을 한마디로 정리하면 다음과 같다.

'그림을 잘 그리고, 중국어를 잘하며, 노래를 잘 부른다.'

이 세 가지 강점은 사실 거의 무관해 보인다. 그러나 그녀는 이 중 어느 것도 놓치지 않고 모두 활용하고 있다.

이처럼 여러 가지 직업을 동시에 갖는 'N잡러'가 늘고 있다. 이들은 자신의 강점을 두 가지 이상 활용한 사례라 할 수 있다. 이렇게 N잡을 갖게 되면 좋은 점은 평생직장이 사라진 시대에 한 가지를 잃어도 수입을 얻을 길이 있다는 것이다. 뿐만 아니라 여러 직업의 경험이 쌓이면 새로운 기회로 얻을 수 있다. 요즘은 회사를 다니면서도 자신의 관심 분야나 전문 분야에서 SNS 활동하는 사람이 많은데, 실제로 SNS에서 유명한 스타나 인플루언서 중 상당수가 본업이 따로 있는 사람들이다. SNS에서 좋은 반응을 얻으면 책 출간이나 강연 제의를 받게 되기도 한다. 다양한 활동의 시너지 효과이다.

이처럼 여러 강점을 최대한 활용하는 사람이 있는가 하면, 한 가지 강점에 집중하는 사람도 있다. N잡러가 여러 우물을 파고 그것들을 조합하고 융합하면서 새로운 업을 창조해나가는 사람이라면, 이들은 한 우물을 깊이 판 후 가지치기를 해나감으로써 자신의 우물을 점차 키워나가는 사람이라 할 수 있다.

지인 중 주식 투자를 잘하는 사람이 있는데, 독학으로 감각을 익힌 그는 한 방을 노리기보다는 안정적인 수익을 올리는 투자로 20대부터 이름을 알리기 시작했다. 유명세를 타기 시작하자 출판사의 제안을 받아 책 출간 계약을 했고 방송에도 출연했으며 강의도 시작했다. 방송도 반응이 좋았고 강사로서도 인정받았다. 본래 글을 잘 쓰던 사람이라 책을 쓰는 데도 문제가 없어 보였다.

하지만 그때부터 그는 스트레스에 시달렸다고 한다. 개인 시간을 갖기도 힘들었고 자신이 투자자인지, 작가인지, 강사인지 정체성에 혼란이 온 것이다. 그렇게 시간과 정신을 뺏기면서 투자 수익도 이전보다 떨어졌다. 결국 그는 책 출간 계약을 파기했고 방송 출연과 강의도 중단했다. 그때부터는 오로지 투자에만 집중했다. 방송과 강의 모두 잘했고 글도 곧잘 썼으나 이 모든 강점을 내려놓고 투자자로서의 강점에 몰입했다. 자신이 가장 자신 있는 것이 투자이기도 했고, 가장 즐거운 것도 강연장에 설 때나 책을 쓸 때가 아니라 투자할 때라는 사실을 깨달았기 때문이다. 그런 후부터는 투자 수익도 안정을 찾아 이전의 수익률을 회복할 수 있었다.

이처럼 여러 강점들을 각각 하나의 수입원으로 삼을 것이냐, 아니면 가장 잘할 수 있거나 마음이 끌리는 일에 집중할 것이냐 중 무엇을 선택할지에 대한 정답은 없다. 중요한 것은 그러한 강점들을 내가 인식하고 알아채는 것이다. 대부분의 경우, 처음에는 여러 가지를 병행하고 테스트해본다. 그리고 한 가지 분야에 몰입하면서 두각을 나타내게 된다.

강점의 개발 2

강점을 구체화하기

앞서 강점에 새로운 의미를 부여하라고 주장하면서 강점을 액면 그대로 볼 게 아니라 한 걸음 더 나아간 의미를 찾아내야 한다고 했다. 이때 더 나아간 의미를 찾기 위해서는 '구체적으로 생각해야' 한다.

강점의 세분화를 위해 강점을 나열할 때도, 자신의 강점에 대해 떠올릴 때도 최대한 구체적으로 생각하는 게 중요하다. '그림을 잘 그린다'도 좋지만 '꽃 그림을 잘 그린다', '수채화를 잘 그린다', '어떤 상황에 대해 한 컷으로 묘사해내는 능력이 있다'와 같이 구체적일수록 자신이 활용할 수 있는 부분에 대해 정확하고 날카롭게 인식할 수 있다. 또한 그림을 잘 그린다고 생각하면 바로 떠오르는 직업이 화가, 그림 작가 정도지만 구체적으로 생각하면 '수채화로 캘리그라피를 하는 작가', '반려동물을 전문적으로 그리는 작가' 등 강점을 특별한 나만의 업으로 발전시킬 가능성이 크다.

대부분의 강점에는 여러 가지 업으로 발전될 가능성이 숨어 있다. 예를 들어 '디자인 감각이 뛰어나다'라는 사실 하나만으로는 디자이너가 되는 것 외에 다른 길을 떠올리기 어렵다. 마찬가지로 그림을 잘 그린다고 반드시 화가만 되어야 하는 건 아니며, 글을 잘 쓴다고 작가만 될 수 있는 것도 아니다. 그림을 잘 그린다는 장점이 그림을 보는 안목이 좋다는 것으로 구체화되어 미술사 등을 공부해 미술관 큐레이터가 될 수도 있다. 글을 잘 쓴다는 장점을 '글의 구조를 잘 이해한다', '다른 사람의 글도 잘 다듬을 줄 안다'로 구체화되어 첨삭 교사가 되거나 출판 편집자가 될 수도 있다.

내가 아는 어떤 웹디자이너 역시 자신만의 강점을 다양하게 활용해 여러 방면에서 수입을 올리고 있다. 그는 웹디자인을 하면서 '이미지의 가치를 보는 안목이 좋다', '상품 브랜드에 맞는 이미지를 잘 고른다'는 칭찬을 받았다고 한다. 그래서 홈페이지에 들어갈 사진을 직접 찍기 시작했다. 처음에는 다소 서툴렀으나 직장에서는 굳이 다른 사진작가를 고용하지 않아도 되니 오히려 권장하기 시작했다. 그때부터 '사진을 잘 찍는 웹디자이너'로서 그는 예비부부나 커플들의 여행 스냅 사진을 찍어주는 부업도 함께하고 있다. 또한 홈페이지 제작 방법까지 익혀 해외에 있는 클라이언트로부터 개인적으로 일을 받기도 하고, 명함 디자인을 연구하기도 해 '이미지에 대한 안목'이라는 강점을 다양한 방면으로 활용하고 있다.

이처럼 그가 웹디자이너이자 홈페이지 제작자, 사진작가이자 명함 디자이너라는 N잡러가 될 수 있었던 것은 '이미지를 보는 뛰어난 안목'이라는 강점을 세분화하고 구체화한 덕분이었다.

강점의 개발 3

강점을 보완하고 발전시키기

누구나 강점은 있지만 이를 발전시켜 수입으로 연결시키는 사람이 적은 이유는 무엇일까? 우선은 새로운 일을 시도하는 과정에서 발생할 수 있는 리스크만 생각하기 때문이다. 리스크를 줄여나가는 노력은 하지 않고 가만있으면 중간이라도 갈 수 있다는 생각으로 시도 자체를 하지 않는다. 그리고 무엇보다 강점은 마치 씨앗과 같이 지속적으로 키워나가야 하는 것인데, 그것을 간과하고 강점을 보완하거나 발전시킬 생각을 하지 않기 때문이다.

강점을 소득 창출로 연결하기 위해서는 독서, 강의, 세미나 등을 통해 꾸준히 다져가야 한다. 관련 지식과 스킬을 습득해야 한다. 인터넷 카페나 '온오프믹스', '소모임' 같은 커뮤니티 플랫폼 등을 통해 다른 사람과 정보를 나누는 것도 좋은 방법이다. 같은 관심사를 가진 사람들과 이야기를 나누고 관계를 쌓게 되면 관계자들만 알 수 있는 비교적 전문적인 경험과 노하우를 얻을 수 있다. 그런 채널을 이미 앞선 길을 걸어온 선배나 멘토를 만들면 이후에 유용한 도움을 받을 수도 있다.

강점의 개발 4

강점을 현실화하기

기껏 강점을 발견하고 개발했다고 하더라도 경제적 독립을 위한 수입과 연결되지 않으면 큰 의미가 없다. 아무리 강력한 강점이 있다고 해도 현실 속에서 쓸모 있는 형태로 활용하지 않는다면 강점 재테크가 아니라 강점 폐기나 마찬가지다.

강점을 현실화한다는 것은 강점을 시장에서 통하는 형태로 구현해 돈을 벌 수 있는 수준으로 끌어올리는 일을 말한다. 그런데 강점을 수익화하는 일은 생각보다 훨씬 더 어렵다. 굉장한 아이템이나 아이디어를 갖고 있다고 해도 이를 돈을 지불하고 싶을 만큼 매력적인 것으로 구현해야 하고 유통시켜야 하기 때문이다. 그럼에도 실패를 최소화하고 수익화하는 방법이 있다. 바로 작은 도전을 통해 작은 성공을 경험해보는 것이다.

지인 중 카페 컨설턴트가 있다. 입지 선정부터 인테리어, 메뉴와 가격 선정, 오픈 이벤트 등 카페 창업 전 과정을 돕는 일을 한다. 그런데 그분이 이런 이야기를 해준 적이 있다. 자신의 의뢰인들 대부분은 '커피가 좋아서' 카페를 오픈하려 한다는 것 그리고 창업에 앞서 준비가 너무 안 되어 있는 분이 많다는 것이었다.

"대부분은 유명한 카페들을 찾아다니면서 인테리어와 메뉴, 가격 정도 확인하는 걸 '준비'라고 해요. 그런 분들께 저는 '그건 취미 생활 이상도 이하도 아닙니다'라고 말해주죠."

한번은 정말 열정이 넘치는 고객이 찾아왔다고 한다. 대학 졸업 후 중견 기업에서 10여 년 동안 일하다가 카페를 창업하고 싶다며 찾아온 그는 아무것도 준비되어 있지 않았지만 열의만큼은 놀라웠다.

"그래서 그분께 바리스타 자격증을 따고 다른 카페에서 3개월 동안 직원으로 일해본 후에 다시 찾아오라고 했어요."

그는 컨설턴트의 말을 착실히 따랐다. 학원을 다니며 공부해서 바리스타 자격증을 땄고, 카페를 오픈하고 싶은 곳 인근에서 가장 장사가 잘되는 카페에 찾아가 직원으로 일했다. 그런데 그가 일하고 받은 돈은 말 그대로 최저임금 수준이었다. 컨설턴트가 그에게 물었다.

"왜 겨우 그것만 받고 하셨어요?"

"저는 아직 배우는 입장이잖아요. 거짓말하기는 싫어서 딱 3개월만 일하게 해달라고 했죠. 생판 초보가, 그것도 딱 3개월만 일하고 그만둘 거라는데 누가 고용하고 싶겠어요? 그래서 수업료라고 생각하기로 하고, 돈은 안 줘도 되니까 일만 시켜달라고 했죠. 그런데 감사하게도 법정 최저임금은 주셨어요. 솔직히 저라면 고용 안 했을 것 같은데…."

30대 후반으로 접어드는 나이에 이미 직장 생활까지 한 사람이 다른 사람 밑에서 최저임금만 받으면서 일한다는 건 결코 쉽지 않다. 하지만 그는 자신이 공부하고 갈고닦은 것들이 실제로 현장에서 통할지 알아보기 위해 이를 기꺼이 받아들였다.

"3개월 동안 가게에 오히려 해를 끼친 것 같아요. 컵도 몇 개 깨뜨렸고, 메뉴 빨리 못 만들어서 손님들 기다리게 하고, 주문 잘못 받아서 컴플레인도 엄청 받았고…. 진짜 3개월쯤 되니까 그제야 일이 손에 익더라고요. 아, 내 가게를 해도 어떻게든 해나갈 수 있겠구나 싶었죠."

그는 그렇게 '작은 도전'을 시작해 3개월이 지나자 어느 정도 자신감도 생기고 노하우도 쌓였다. 그때부터 컨설턴트의 도움을 받아 카페를 창업했고, 지금은 단골이 제법 많은 카페로 자리를 잡았다.

이런 사례를 드는 건 언뜻 '열정 페이'를 강요하는 것처럼 보일 수도 있다. 아주 틀린 생각은 아니다. 하지만 새로운 일에 도전하려면 뭔가 한 가지는 희생해야 한다. 내가 현재 얼마나 대단한 이력을 갖고 있든 새로운 일에서만큼은 완벽한 초보다. 초보에게 충분한 대가를 주면서 일을 맡길 사람은 찾기 힘들다. 그러나 초보에서 시작하지 않고 처음부터 무작정 올인하면 큰 리스크를 짊어져야 한다.

어떤 일을 직접 해보기 전까지는 그리고 그 업계에서 몇 년간 일하기 전까지는 업계의 생태, 독특한 문화, 사용하는 용어, 트렌드, 시장의 특징 등에 대해 생생하게 알 길이 없다. 책이나 그 일을 하고 있는 사람에게서 들은 이야기도 다른 사람의 이야기일 뿐 내가 직접 체험한 건 아니다. 직접 경험하지 않으면 그 일에 대해 환상을 가질 수 있고, 생각과 다르게 현실은 나와 맞지 않을 수도 있다. 따라서 리스크를 줄이고 현장에서 온몸으로 체험하기 위해, 궁극적으로는 자신만의 소득 창출 시스템을 만들기 위해 작은 도전과 실험은 반드시 필요하다.

자신의 강점을 발휘해 돈을 받는 것이 가능한 수준을 넘어 당당한 정도가 되기 전까지는 수입에 연연하지 말고 작은 도전이라도 시작해 보자. 시작하는 나에게 처음부터 큰 보상이 주어지지는 않을 것이다. 초보의 시기의 견디고, 작은 첫걸음을 내딛는다면 행운의 여신이 나를 따라올 것이다.

인생을 바꾸는
공투부 프로젝트

새로운 도전을 위해서는 오감 모두를 활용하는 공부가 필요하다. 책상 앞에 앉아 책이나 신문을 읽고 생각하고 기록하는 공부도 중요하지만, 사람을 만나 다양한 정보를 듣는 공부도 중요하다. 하고 싶은 것을 상상하며 머릿속으로 시뮬레이션을 해보는 공부, 탐구한 것을 실제로 실험하고 테스트해보는 공부도 필요하다. 이렇게 다양한 면면에서 배움을 얻어야 자신만의 소득 시스템을 구축할 때는 뭐 하나 빠지는 것 없이 준비하고 실행할 수 있다. 여기서는 그 맥락에서 앞서 이야기한 '공부투 공식'(R[부자] = S[공부] x I[투자])을 구체적으로 실행하는 방법을 이야기하고자 한다. 크게 다섯 단계로 이뤄지며, 이것은 강점 재테크를 비롯해 공부라는 인풋으로 변화라는 아웃풋을 내는 모든 새로운 도전에서 적용할 만한 내용이다.

공투부 프로젝트

1. 독서: 경제경영서, 자기계발서, 경제 신문을 읽고 '경제 마인드' 장착하기
2. 온/오프라인 정보 검색: 재테크 카페, 웹사이트, 부동산 등을 방문해 꿀팁 소화하기
3. 세미나, 강연 듣기: 무료 강연 및 박람회에 참석해 정보 및 트렌드 파악하기
4. 모의 투자: '부자 엄마 노트' 만들기
5. 실전 투자: 소액으로 아는 것부터 시작해서 다각화하기

1단계: 독서

나는 첫 책 출간 이후 강의를 다니며 경제적 곤란을 겪고 있는 사람들을 많이 만났다. 그들의 문제를 요약해보면 다음과 같이 분류된다.

Q. 나를 괴롭히는 돈 문제의 원인은 무엇일까?

카테고리	해결방안
1. 수입이 없다	강점을 활용해 수입을 창출할 수 있는 방안은?
2. 수입이 부족하다	추가적인 수입을 창출할 수 있는 방안은?
3. 지출이 많다	지출을 줄이기 위한 방안은?
4. 대출이 많다	고금리의 빚을 먼저 상환할 수 있는 방안은?
5. 준비 없이 사업을 한다	사업 준비를 위해 조사할 수 있는 방안은?
6. 준비 없이 투자를 한다	모의 투자를 위한 방안은?

지금까지 이 여섯 가지 카테고리를 벗어나는 돈 문제는 거의 보지 못했다. 문제를 파악했다면 이제 구체적인 해결 방안을 정리해보자.

전업 주부인 친구 민숙이는 얼마 전부터 추가 수입을 위해서 살고 있는 아파트단지 내 레고방 아르바이트를 시작했다. 자신의 경제 문제는 '수입 부족'임을 '파악'하자 아르바이트를 찾은 것이다. 만약 민숙이의 문제가 과도한 지출이었다면 통장 쪼개기와 가계부 쓰기 등이 방법이 될 수 있을 것이다. 만약 대출이 문제라면 모든 대출의 금리를 노트 한 장에 정리하고 금리가 높은 순으로 상환하는 것이 방법이다.

그러나 어떤 경제적 문제든 공통적으로 적용 가능한 솔루션이 있다. 그것은 바로 '마인드의 변화'다. 남 탓, 환경 탓을 중단하고 스스로 모든 일의 책임을 지겠다는 태도다. 나는 이것이 부자의 길로 들어서는 가장 중요한 마인드라고 생각한다. 스스로 결과에 대한 책임을 받아들일 때만 새 도화지에 자신의 그림을 최선을 다해 그릴 수 있기 때문이다. 돈 공부에서 경제경영서나 경제 신문 외에 자기계발서를 권하는 이유도 바로 이 마인드 때문이다. 참고로 내가 운영 중인 온라인 카페 '엄마의 돈 공부'(www.cafe.daum.ent/newrich100)에도 '2019년 추천 경제경영 도서 목록'을 올렸다. 또한 경제경영 도서를 쉽게 이해하도록 한 달에 한두 번 독서 모임을 주관하고 있다.

예전의 나는 경제와 관련해서는 문외한이었다. 그리고 여전히 경제경영서보다는 에세이를 좋아한다. 그럼에도 경제 공부를 시작한 이후에는 틈틈이 경제 관련 책을 읽기 시작했다. 처음에는 너무 어려웠다.

특히 경매 책은 몇 페이지 읽지도 않았는데 낙찰, 임장, 명도 등 낯선 용어들에 압도되었다. 그래서 처음에는 마인드를 주제로 한 책을 읽었다.

그런데 어떤 사람들은 마인드에 대한 책을 비난하기도 한다. "금방 돈을 벌 수 있는 방법을 알려줄 거라 생각했는데 이게 뭐야? 내용이 없네?" 하고 말이다. 나는 부자 마인드에 관한 책들을 통해 왜 돈에 대해 공부해야 하는지를 깨달았다. 그리고 경제적인 어려움을 벗어나기 위해서는 단 한 발자국이라도 내디뎌야 한다는 것을 알게 되었고 저자의 격려와 용기를 통해 자신감을 장착할 수 있었다. 왜 돈 공부를 해야 하는지를 알고 나니 어려운 경제경영서나 경제 신문을 읽는 것 역시 점차 수월해졌다(경제 신문 활용법에 대해서는 《엄마의 돈 공부》와 《엄마의 첫 부동산 공부》에서 상세히 다루고 있으니 참고하기 바란다).

2단계 : 온/오프라인 정보 검색

먼저 온라인을 통해 읽어야 하는 것들이 있다. 온라인 재테크 카페를 검색해서 가입하자. 그런데 막상 카페에 가입해도 무엇부터 읽어야 할지 감이 안 잡힐 수도 있다. 이때 딱 세 가지를 마스터하길 권한다. 바로 '성공담, 실패담, 전문가 칼럼'이다. 일주일에 세 개씩만 읽어도 1년이면 100개 이상의 투자 관련 글을 읽게 된다.

카페에는 "제가 이렇게 저렇게 해서 결국 망했지요."라고 아주 구체적으로 실패 과정을 적어놓은 글들이 많다. 실패담을 읽다 보면 '나도 이런 점은 주의해야겠구나!'라고 깨닫게 되고 위기를 예방할 수 있다.

반대로 성공담을 읽다 보면 '와, 진짜 생각이 현실화되는구나!' 하고 가능성을 실감할 수 있다. 더불어 '다른 사람들은 이렇게 열심히 하고 있구나!' 하고 자극을 받기도 한다.

또 전문가 칼럼을 읽으면 지식을 쌓을 수 있다. 나 역시 2018년 1년 동안 매월 교원그룹 사보에 경제 칼럼을 연재, 유수의 재테크 카페에 다양한 칼럼을 작성했다. 칼럼을 작성할 때는 엄청난 공을 들이게 된다. 지면의 분량이 정해져 있기 때문에 지식을 압축해서 간결하게 작성하려면 시간이 더 많이 걸린다. 그렇기 때문에 칼럼은 그저 짧은 글이 아니라 정보가 압축되고 이미 수없이 검열을 거친 글이라고 볼 수 있다.

이렇게 온라인에서 꾸준히 지식을 쌓는 동시에 오프라인에서도 발로 뛰며 생생한 정보를 얻어야 한다. 어머니의 친구분 중 '재테크의 여왕'이라 불리는 아주머니가 있다. 어머니의 말에 따르면 그 아주머니는 소유하고 있는 원룸 건물과 상가에서 상당한 월세를 받으며 풍족한 노후를 보내고 있고 지금까지 재테크 카페 같은 건 한 번도 가입해본 적이 없다고 했다. 그런데 어느 날 어머니가 그 아주머니와 함께 점심을 먹는데 아주머니가 "커피는 동네에 가서 마시자!" 하더니 부동산중개업소에 들어가더라는 것이다. 그랬더니 사장님이 익숙하다는 듯 반겨주면서 믹스커피 한 잔을 타주었다고 했다.

그 아주머니는 특별히 매도할 일이 없을 때도 박카스나 요구르트를 들고 부동산중개업소를 내 집 드나들 듯이 한다고 한다. 그렇게 앉아 있다 보면 손님이 들어와 나누는 대화를 통해 어떤 매물이 급매로 나왔는지 알게 된다는 것이다.

"우리 아들이 이번에 의대에 합격했어! 근데 학비가 너무 세서 근처에 원룸을 얻어야 할 것 같아. 할 수 없이 우리 집을 내놔야겠네."

이때 보통의 엄마들은 의대 간 아들이 부럽다고 생각하겠지만, 그 아주머니의 머릿속에 스쳐가는 단어는 '의대'가 아니라 '급매'다. 이처럼 진짜 생생한 정보는 현장에 있다. 그렇기 때문에 온라인으로 아무리 정보를 파악한다 해도 사실상 오프라인 정보를 따라갈 수는 없다. 아무리 네이버 부동산을 살펴봐도 방금 나온 급매는 그곳에 없기 때문이다. 이처럼 현장에 단서가 더 많이 있기 때문에 온라인, 오프라인 정보를 다양하게 이용해야 한다.

재테크 및 투자를 위해 추천하는 온라인 카페 리스트

- **10년에 10억 만들기, 텐인텐** http://cafe.daum.net/10in10
  경제적 자유를 위한 경제 지식 및 투자 방법을 알 수 있다.
- **월급쟁이 부자들** http://cafe.naver.com/wecando7
  직장인 재테크 카페로 아파트 분양, 부동산, 적금, 주식 등 다양한 정보를 알 수 있다.
- **부동산 재테크 사이트, 북극성** http://cafe.daum.net/PolarisAuction
  부동산 재테크를 위한 실전 경매 기초 이론, 소액 부동산 투자 방법 등 다양한 정보를 알 수 있다.

- **부자 언니 유수진의 부자 재테크** https://cafe.naver.com/urlifestylist

  재테크 비법부터 부자되는 라이프스타일까지 다양한 정보를 알수 있다.

- **나눔 스쿨** https://cafe.naver.com/jtkschool

  부동산 재테크 커뮤니티로 다양한 부동산 정보를 알 수 있다.

- **즐거운 경매** http://cafe.naver.com/playauction

  부동산 경매 & 공매 커뮤니티로 다양한 경매 투자 정보를 알 수 있다.

- **짠돌이 카페** http://cafe.daum.net/mmnix

  절약하고 저축하는 사람들의 모임으로 생활 속 절약 정보 등을 알 수 있다.

- **빠숑의 세상답사기** https://blog.naver.com/ppassong

  다양한 부동산 입지 분석 정보를 알수 있다.

- **엄마의 돈 공부** https://cafe.naver.com/newrich100

  필자가 운영하는 카페로 엄마의 자기계발 및 재테크에 관한 정보를 알 수 있다.

- **월천 재테크** https://cafe.naver.com/1000tech

  학군과 부동산 투자에 대한 정보를 알 수 있다.

- **선한 부자 프로젝트** https://cafe.naver.com/richhappymom

  절약, 가계부 작성 및 재테크 정보를 알 수 있다.

- **대한민국 청약지도** https://cafe.naver.com/iamhappyschool

  청약 및 재테크 관련 정보를 알 수 있다.

- **다꿈 스쿨** https://cafe.naver.com/dreamagainschool

  경제적 자유와 자기 경영 정보를 알 수 있다.

3단계 : 세미나, 강연 듣기

부동산이나 주식의 경우 무료 박람회가 자주 열린다. 이런 행사에 꾸준히 참여하면 재테크 트렌드를 파악하는 데 도움이 된다. 뿐만 아니라 인테리어 무료 박람회도 꽤 자주 열린다. 꼭 인테리어를 할 일이 없더라도 소풍 간다고 생각하고 방문해보자. 이런 박람회는 돌아보는 것만으로도 '트렌드 눈'을 장착할 수 있다.

또한 강연에 참석하면 무료로 배포하는 책자도 받을 수 있다. 구청이나 시청에도 유용한 무료 강연, 세미나가 상당히 많이 개최된다. 명사 특강 또는 재테크 특강으로 열리는 행사 역시 무료로 양질의 정보를 얻을 수 있는 기회다. 이런 것들이야말로 공짜로 최신 정보를 얻을 수 있는 가성비 최고의 세상 공부가 아닐까.

4단계 : 모의 투자

언젠가 TV에서 재테크 고수들이 나오는 프로그램을 본 적이 있다. 그 방송에 나온 한 주부는 수십 년 동안 기록해온, 먼지 묻은 노트를 한가득 보여주었다. 그렇게 가계부를 적으면서 자산을 관리할 수 있었다고 한다. 사실 가계부를 적어야 한다는 사실은 누구나 알고 있다. 하지만 실천하는 게 쉽지 않다. 그런데 가계부를 기록하는 것 자체가 중요한 게 아니라 기록을 통해 우리 집 돈이 어떻게 운용되고 있는지 파악하는 게 핵심이다.

지금보다 훨씬 나은 삶을 살고 싶다면, 재테크로 성공하고 싶다면 수입과 지출만을 적는 게 아니라 기록을 통해 계속해서 동기를 부여하고 꿈을 되새기며 전체적인 재무 포트폴리오까지 점검할 수 있어야 한다. 나도 이렇게 끊임없이 돈과 관련된 기록을 했고, 이것을 '부자 엄마 노트'라고 불렀다. 여기에는 모의 투자 기록도 포함된다. 즉, '부자 엄마 노트'는 모의 투자 과정 및 목표와 실천 계획 등을 모두 기록하는 꿈의 기록장이다. 더불어 행복한 부자 엄마가 된 미래의 나에게 응원 메시지도 적을 수 있다. 그렇다면 '부자 엄마 노트'에는 구체적으로 무엇을 적어야 할까? 전체적인 구성은 다음과 같다.

쪽	기록 내용	비고
1쪽	**나에게 보내는 응원 메시지** 19○○년 ○월 ○일 "지영아, 네가 하는 모든 일이 잘 될 거야! 기적이 일어날 거야! 사랑해."	• 나를 위한 응원 메시지를 적는다. • 가족사진도 붙여놓으면 더 큰 동기부여가 된다.
2쪽	**나만의 WHY 적기** '나는 왜 돈 공부를 해야 하는가?' 1. 사랑하는 아이들이 잠재력을 펼치도록 지원해주는 엄마가 되고 싶다! 2.	• 내가 돈을 모아야 하는 이유, 부자가 되고 싶은 이유를 상세히 적는다.
3쪽	**나의 재무 버킷 리스트 10가지** 1. 내 집 마련하기(○억 원) 2. 세부 휴가(○백만 원) ⋮ 10.	• 버킷 리스트 중에서도 재무와 관련된 버킷 리스트를 쓴다. • 내가 하고 싶은 일, 갖고 싶은 것, 이루고 싶은 것을 적어보자. • 옆에 비용도 계산해 적는다.

쪽	항목	설명
4쪽	**나의 재무 포트폴리오** 1. 금융 자산 2. 보험 3. 부동산 자산 4. 예비 자금 5. 카드 6. 저축 7. 대출	• 나의 자산 포트폴리오를 한 페 이지에 일목요연하게 적는다. • 한눈에 알아볼 수 있도록 표로 만들어 기록한다.
5쪽	**월 단위 수입/지출 적기** 1월 2월 ⋮ 12월	• 매달의 수입/지출 상황을 적는다.
6쪽	**주 단위 시간/금융 기록표** • 시간 계획표(투자/재테크/경제 공부: ㅇㅇ시간) • 주간 수입/지출 내역	• 주마다 재무와 관련해 하고자 하 는 작업이나 일을 적고 시간 계획 을 짠다. • 주간 수입/지출 내역도 함께 정 리한다.
7쪽	**'나' 맞춤형 재테크 모색** "수입 또는 자산을 증가시킬 수 있는 방법은 무엇인가?" 1. 2. 3. 실행 계획 • 주가 확인, 원/달러 환율 체크, 부동산 시세 파악 등	• 나에게 맞는 재테크 방법을 모색한 다(주식, 부동산, 펀드 등). • 이를 위한 실행 계획을 짠다.

8쪽

모의 투자 기록

주식 모의 투자 시작하기

- 날짜:
- 코스피/코스닥 지수:
- 종목 분석:
- 예상 매도 가격:

상가 투자

- 계획 1: 관심 있는 상가의 매매 가격과 월세 가격 파악하기
- 계획 2: 업종, 상권, 유동 인구 등에 대해 공부하기

꾸준히 관찰하던 상가가 있다면 다음과 같은 것들을 알아본다.

- 수익률을 계산해본다.
- 만약 공실이 난다면 이유를 알아본다.
- 상가가 속한 업종이나 상권 등에 대해 공부한다.

5단계 : 실전 투자

아이가 인라인 스케이트를 배울 때였다. 처음에 무릎에 보호대를 채워주고 헬멧을 쓰고 그냥 타보게 했는데 역시나 수없이 넘어졌다. 그러나 어느덧 인라인 스케이트를 꽤 타게 되었고 지금은 점프까지 시도하고 있다. 이 과정을 지켜보면서 문득 이런 생각이 들었다.

'투자도 수영이나 인라인 스케이트를 배울 때와 같지 않을까?'

만약 아이가 인라인 스케이트를 처음 탈 때 무릎보호대나 헬멧이 없었다면 넘어지고 울다가 포기했을 수 있다. 그러나 아이는 보호 장치가 있었기에 답답하고 어려운 시간을 견뎌낼 수 있었던 것이다.

투자도 마찬가지다. 우선 실제 투자를 해봐야만 배울 수 있고, 또 넘어져봐야 더 치열하게 배울 수 있다. 무엇보다 가장 크고 빠르게 배우

는 순간은 '넘어지는 순간'이 아닐까 싶다. 나 역시 재테크를 하는 과정에서 실패도 많았고 실수도 많았다. '나는 왜 이렇게 바보 같을까?'라는 생각이 들기도 했고 '그냥 가만히 있었으면 중간이라도 갔을 텐데' 하며 창피해하고 자책하기도 했다. 그러나 결국에는 툭툭 털고 일어나 포기하지 않고 여기까지 올 수 있었다. 이렇게 할 수 있었던 데는 세 가지 원칙이 있었다고 생각한다.

처음 시작하는 실전 투자 3원칙
- 첫째, 소액으로 시작한다.
- 둘째, 자신이 잘 아는 분야로 시작한다.
- 셋째, 다각화를 통해 리스크를 줄인다.

인라인 스케이트 초보자에게 보호 장치가 중요하듯이 투자에 도전할 때도 이런 안전장치가 필요하다. 그래서 나는 항상 '적은 예산'으로 경험을 쌓았다. 또 내가 잘 '아는 분야'부터 시작해 리스크를 줄였다. 예전에 주식으로 손실을 입었을 때도 크게 망하지 않을 수 있었던 것은 바로 이 때문이었다. 또 큰 한 방은 없었지만 재테크 수익률을 꾸준히 우상향시킬 수 있었던 건 '다각화'를 했기 때문이다. 계속해서 지역을 분산시켜 임대 사업을 했고 아파트, 상가, 오피스텔 등 유형을 분산시켜 투자했다. 부동산뿐 아니라 어떤 분야든 다각화하면 리스크는 낮아진다.

실전 투자를 할 때 위 세 가지 원칙을 고수한다면 자산을 꾸준히 축적할 수 있을 뿐 아니라 돈에 대한 민첩한 감각까지 장착할 수 있다.

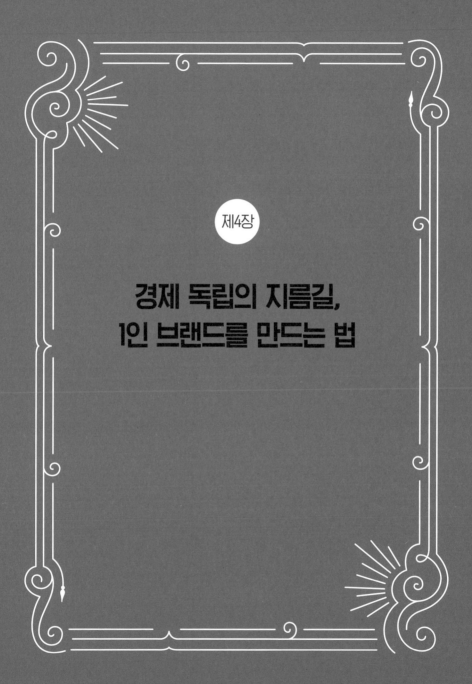

제4장

경제 독립의 지름길,
1인 브랜드를 만드는 법

경제적 자유를 완성하는 길

지금까지 우리는 그간 생각조차 해보지 않았던 나의 강점을 재발견하고 이를 강화해 수익화하는 긴 여정에 대해 알아보았다. 이것은 나와 가족의 경제적 자유와 행복을 위해 반드시 필요한 과정이기도 하다. 이 과정을 제대로 밟았고 잘 유지하기만 한다면 곧바로 경제적 자유를 누리지는 못하더라도 튼튼한 발판은 마련된 것이다. 그리고 최소한 이전보다는 훨씬 충만하고 행복한 하루하루를 누릴 수 있다.

무엇보다 강점을 찾는 과정에서 '진짜 나'를 돌아봐야만 하기에 엄마라는 역할에 묻혀 잊고 있었던 자신을 찾게 된다. 또한 자신에게 강점이 있음을 깨닫고 이를 새로운 소득으로 연결시키는 과정에서 자신감이 생겨난다. 그것만 해도 경제적 자유는 누리지 못할지라도 진정한 행복에 한 걸음 더 다가선 셈이다.

그런데 아바타 소득 시스템을 만들고 사업화하는 것으로 이 책을 끝내지 않은 이유가 있다. 알다시피 우리가 살고 있는 사회는 고도의 경쟁 사회다. 그리고 모든 산업에서 진입 장벽이 낮아졌기에 잘된 사업 모델이 있으면 금방 다른 경쟁자가 따라잡거나 카피한다. 또 대자본이 시장에 진입하는 순간 영세업자나 소규모 사업자들은 영향을 받을 수밖에 없다.

이런 연유로 앞서 말한 5단계에서 멈춘다면 단기적으로는 가능할지 몰라도 장기적으로는 경제적 자유를 누리기 힘들어질 수도 있다. 강점을 통한 이바타 소득 시스템의 강점 중 하나는 '시대와 환경 변화의 영향을 덜 받고 경쟁에서 우위를 점하기 유리하다'는 것이다. 그러나 이는 자신의 강점이 무엇인지조차 모르고 시작하는 경우에 비해 그렇다는 것뿐이다. 시대와 환경의 변화에서 완전히 자유로운 일이나 사람은 없다. 마찬가지로 경쟁의 영향을 전혀 받지 않는 사람도 없다.

나의 경우만 살펴봐도 그렇다. 나는 팝송을 접하면서 영어에 흠뻑 빠져들었고 '흥미'를 갖게 되었다. 이후 언어에 대한 강점을 활용해 영어 통역사가 됐다.

지금 나는 회사를 나와서 전혀 다른 삶을 살고 있다. 시대의 변화와 치열한 경쟁은 분명 그런 선택을 한 이유 중 하나였다. 바로 여기가 중요한 지점이다. 결론부터 이야기하자면, 내가 그런 경쟁에서 살아남을 수 있다고 확인하지 못했던 이유는 통역사로서 일은 할 수 있었지만 그 세계에서 고유한 나만의 차별점을 가진 '온리원 브랜드'로 거듭날 수 없었기 때문이다.

서울시 중랑구에 유명한 고양이 전문 병원이 있다. 본래 종합동물병원이었는데 2000년대 초반부터 고양이 전문 병원으로 변경했다. 그 이유에 대해 원장님은 이렇게 말했다.

"유학까지 다녀온 똑똑한 후배들이 많았어요. 그 후배들과 경쟁하려면 어떻게 해야 할지 고민이 되더라고요. 마침 그때 길고양이와 관련해 사회운동을 하던 중이라 고양이에 대한 관심이 더 커졌어요. 그래서 좀 더 공부해서 고양이 전문 병원을 해보기로 결심했죠. 우리나라에도 고양이 전문 병원이 필요하다는 생각도 들었고요."

현재 그 병원은 고양이를 키우는 '집사'들 사이에서는 모르는 사람이 없을 정도 유명하다. 원장님은 동물 관련 TV 프로그램에서 고양이 전문가가 필요할 때 섭외 1순위가 되었고, 전국 각지로 강연을 다니며 국제적인 고양이 관련 세미나에 참가하거나 직접 개최하기도 한다. 명실상부 고양이 관련 최고의 전문가로 인정받고 있는 것이다. 바로 이것이 자신만의 브랜드를 명확히 했을 때 누릴 수 있는 효과다.

치열한 경쟁 속, 나만의 특별함이 필요하다

세상은 급변하고 경쟁은 치열하다. 나의 강점을 갈고닦아 소득 창출에 성공했다 하더라도 언제까지고 지금의 자리를 유지하기란 쉽지 않다. 심지어 안정적으로 사업화했다고 해도 마찬가지다. 특히 우리나라는 뭔가 한 가지 아이템이 잘된다 싶으면 너도나도 몰려드는 특징이 있기 때문에 더욱 그렇다.

요즘은 길거리를 돌아다니기만 해도 'ㅇㅇ비어'라는, 비슷한 이름의 맥줏집이 거리에 넘쳐나는 걸 볼 수 있다. 콘셉트와 판매 메뉴, 가격까지 거의 판박이에 가깝다. 그 맥줏집들 중에도 분명 원조가 있을 텐데, 그게 인기를 끌기 시작하니 모두 달려들어 비슷한 가게를 차린 것이다. 그렇게 되면 처음에는 강력한 강점이었던 가격과 메뉴 구성, 콘셉트 모두 경쟁력을 잃고 만다.

그러나 소비자들을 확실히 사로잡을 수 있는 '브랜드'가 있다면 이야기가 달라진다. 그렇다면 브랜드란 무엇일까? 알 듯 말 듯, 잡힐 듯 말 듯한 이 개념에 대해 네이버 지식백과는 이렇게 설명하고 있다.

브랜드
판매자 혹은 판매자들이 상품이나 서비스를 식별시키고 경쟁자들의 것과 차별화하기 위해 사용하는 독특한 이름이나 상징물(로고·등록상표·포장디자인)의 결합체

또한 세계적인 광고인 데이비드 오길비 David Ogilvy 는 브랜드에 대해 이렇게 이야기했다.

"브랜드는 복잡한 상징이다. 그것은 한 제품의 속성, 이름, 포장, 가격, 역사 그리고 광고 방식을 포함하는 무형의 집합체다."

이처럼 브랜드는 단순히 아이템의 물리적 속성에서 나오는 것이 아니라 그것을 뛰어넘는 총체적인 개념이다. 또한 브랜드는 다른 제품과의 차별화를 극대화한다. 예를 들어 요즘은 '커피 왕국'이라 불릴 만큼 카페가 많지만 그럼에도 다르다는 느낌이 드는 곳이 분명 있다. 또 수많은 화장품이 넘쳐나지만 특별한 느낌을 주는 브랜드는 따로 있다.

'말로 표현하기 어렵지만 그 카페엔 뭔가 특별한 게 있어.'
'그 화장품은 바를 때마다 마치 하와이에 간 것 같은 기분이 들어.'

각자가 하나의 브랜드라 할 수 있는 연예인들 역시 성공적인 퍼스널 브랜딩의 좋은 예다. 큰 인기를 끈 연예인의 이름과 외모, 헤어스타일, 의상, 말투, 표정, 손짓 하나까지 그대로 따라 한 연예인이 똑같은 인기를 누리지는 않는다. 자신만의 명확한 뭔가를 갖기 전까지는 잘해야 '○○ 닮은꼴', '○○의 아류'로 분류되고 마는 것이다. 그래서 이토록 변화가 빠르고 소비자들이 원하는 바가 다양해진 무한 경쟁 시대에서는 다양한 경쟁자들 사이에서도 돋보이는 차별점을 가진 '나만의 브랜드'를 만들어야만 더 오래, 더 확실하게 성과를 이어갈 수 있다.

여기서 자신만의 명확한 차별점이란 이성적, 인지적으로 딱 정의

내리기 힘든 총체적인 것이다. 단순히 기술적으로 만들어낼 수 있는 게 아니라, 생산자와 소비자가 끊임없이 소통하며 만들어내는 스토리와 메시지 등이 축적되어 탄생한 그 제품만의 특별함이라고 할 수 있다. 제품의 컬러나 모양, 직원의 친절함 등 어떤 한 가지 특징으로 말할 수 있는 게 아니다.

인생에서 큰 결정을 내릴 때는 자신과 가족을 모두 고려한 최적의 타이밍을 찾아야만 한다. 어쩌면 지금 자신이 너무 뒤처진 것 같은 생각이 들 수도 있고, 지금 당장 이 강을 건너 새로운 세상으로 나아가야 할 것 같다고 생각할 수도 있다. 하지만 마음의 여유를 잃지 말자. 조급해서 서두르면 안 하는 것만 못하다. 새로운 도전과 시도는 반드시 필요하지만 나와 가족의 행복을 위해 먼저 철저히 준비해야 한다.

앞에서 소개한 시크릿 리치 플랜 5단계와 더불어 브랜딩에 대해서도 고민해보는 시간을 갖도록 하자. 너무 큰 것부터 하려고 하기보다 지금 당장 할 수 있는 것부터 변화를 시도하는 것이 현명한 자세다.

온리원 브랜드,
진정한 나를 찾아가는 과정

나는 첫 책《엄마의 돈 공부》를 쓸 때부터 '퍼스널 브랜드'를 염두에 두고 있었다. 그냥 반짝하고 사라지는 수많은 저자나 전문가가 되고 싶지 않았기 때문이다. 책이 출간된 이후에는 '엄마들을 위한 재테크 전문가'라는 브랜드를 확고히 하기 위한 활동을 시작했다. 너무나 감사하게도 엄마들의 최고 멘토 김미경 원장님과의 귀한 인연으로 더 많은 엄마들을 만나게 되었고, 미혼모를 비롯해 다양한 기관에서 강연하면서 수천 명의 엄마들과 만날 수 있었다.

이처럼 나의 강점으로 구축한 브랜드가 힘을 얻기 위해서는 일관된 한 걸음 한 걸음이 중요하다. 지금까지 내가 걸어온 모든 길은 '엄마', '은행', '재테크', '투자' 등의 키워드와 관련이 있었다. 이 핵심 키워드를 통해 계속해서 나 자신을 재테크 전문가로 포지셔닝했고, 그렇게 해서《엄마의 첫 부동산 공부》,《엄마의 가계부 2017》,《엄마의 가계부 2018》까지 '엄마'라는 키워드로 연속 출간할 수 있었던 것이다. 이렇게 나만의 브랜드를 구축하면서 인터뷰와 강연 요청도 점점 더 많아졌다.

브랜드는 곧 정체성이다. 그 사람의 말과 행동, 성격, 패션, 취향 등 모든 것이 그 사람의 정체성과 잘 부합할 때 우리는 어떤 사람의 정체성이 뚜렷하다고 인식한다.

이렇게 세상에 단 하나뿐인 브랜드를 만들 때는 몇 가지 유의해야 할 점이 있다. 지금부터 그 원칙에 대해 살펴보도록 하자.

온리원 브랜딩 원칙 1

안정성부터 따지지 않는다

주변에서 자신의 퍼스널 브랜드를 만들고 싶다고 이야기하는 사람들을 자주 본다. 그들에게 가장 큰 걸림돌은 무엇일까? 바로 안정적인 직업에 대한 집착이다.

물론 안정성을 포기한다는 건 정말 어려운 일이다. 특히 아이가 있는 집은 매달 나가는 돈이 상당하기에 무작정 직장을 그만두는 것도 무모한 일이다. 다만 퍼스널 브랜드를 만들기 위해서는 어느 순간 이것들을 놓아야 할 때가 온다는 점을 잊지 말아야 한다. 언젠가 그것을 내려놓으려면 안정성에 도취되지 말고 '그것들이 없더라도 내가 살 수 있을까?'에 대해 생각할 수 있어야 한다. 그래야 (현재의 안정성을 제외했을 때) 진짜 내가 추구하고 싶은 길이 더 선명하게 보이기 때문이다. 그 길에 발을 내디디는 순간부터는 어떤 시련이 있어도 뚝심 있게 걸어갈 수 있어야 한다.

또 브랜드를 만들 때 중요한 것은 '내가 그 일을 즐기고 있는가?'라는 질문에 대한 답이다. 내가 즐기지 않는 일이라면 브랜드를 만들기는 불가능하다. 세상에서 잠시 반짝하고 사라진 아이템을 우리는 브랜드라고 하지 않는다. 사람들이 브랜드라고 인정하는 것들은 대부분 오래 살아남았을 뿐 아니라 그 브랜드를 사랑하는 고정 팬들이 존재한다. 그만큼 꾸준히, 일관된 노력이 수반되기 때문에 그 일을 즐길 수 없다면 브랜딩은 거의 불가능하다.

이때 브랜드를 만드는 초반부터 안정성을 따지게 되면 그 길을 가는 동안 만나는 수많은 방해물을 이겨낼 힘이 없어진다. 또한 경제적 독립을 위해서는 '스스로 저지르고', '스스로 책임지는' 과정을 끊임없이 견뎌야만 한다. 필연적으로 수없이 많은 삽질과 시행착오를 거쳐야 하고, 이를 통해 나를 찾아가는 과정을 학습해야 하기에 안정성보다 도전과 모험, 실패에 익숙해져야만 한다. 따라서 현재 하고 있는 일의 수입이 안정적일수록 나의 브랜드를 만드는 데는 오히려 저해 요소가 될 수 있다.

힘들었던 순간을 기억해낸다

예전에 남동생과 이야기를 나누다가 깜짝 놀란 적이 있었다. 남동생이 어렸을 때 부모님이 다퉈서 우리가 매우 힘들어한 적이 있었다는 것이다. 남동생은 그때를 생생하게 기억하고 있었지만 나는 하나도 기억하지 못했다. 이처럼 기억은 매우 주관적이고 개인적인 것이다. 살면서 힘들었던 기억 중 어떤 건 완전히 잊히기도 한다. 나는 매우 슬펐거나 가슴이 아팠던 기억들은 대부분 희미하게 기억이 날 뿐이다. 반면 힘들었음에도 스스로 극복해낸 일에 대해서는 어제 일어난 일인 양 분명히 기억한다.

지인 중에 학원 강사로 일하던 분이 있었다. 퇴근도 항상 늦었고 일 때문에 스트레스가 심했다. 육아와 일을 병행하는 것이 불가능해지면서 결국 학원 강사 일을 그만두게 되었다. 그렇지만 경제적인 이유로 맞벌이를 하지 않을 수 없었다. 고민 끝에 본인의 아이들도 함께 보면서 돈도 벌 수 있는 공부방을 열게 되었다. 그러나 공부방을 하면서 여러 가지 문제가 터졌다. 남편과의 사이도 나빠졌고 다른 집 아이에 본인의 아이까지 돌봐야 하니 너무나 버거웠다.

결국 이혼을 하고 공부방을 접었다. 당장 수중에 돈이 없으니 아이들과도 떨어지게 되었다. 그 오랜 시간 학원 강사로 일하면서 고생이란 고생은 다 하고 육아를 위해 공부방을 운영하면서 온갖 애를 썼음에도 불구하고 남은 것은 하나도 없었다. 그녀는 너무나 절망스러워 죽고 싶다는 생각마저 들었다고 한다. 그런데 그때 치유에 대한 책을 우연히 읽게 되었고 이후 명상에 집중하면서 치유에 대한 공부를 하게 되었다. 그리고 더 나아가 심리 상담을 공부하기 시작했다. 그저 살고 싶었기 때문이다.

그 후 몇 년이 흘렀다. 그녀는 지금 어떻게 살고 있을까? 그녀는 마음을 치유해주는 전문가로서 심리 상담 및 코칭을 통해 사람들을 살리는 일을 하며 자신의 브랜드를 만들어가고 있다. 아이들과의 관계도 회복되어 그녀의 얼굴에는 예전에는 볼 수 없던 평온함이 자리하고 있다.

브랜드를 만드는 것과 힘들었던 순간을 기억해내는 것이 무슨 상관이 있는지 의아해할지도 모른다. 그러나 무너졌을 때 다시 힘을 낼 수 있는 힘은 다른 사람의 이야기보다 바로 나 자신의 극복기에서 나온다. 또한 힘들었던 기억을 떠올리면서 타인의 고난과 고충을 이해하는 힘도 키울 수 있다. 결국 사업은 사람들의 고충과 고민에 대한 솔루션을 제공하는 것이다. 나의 고통을 마주하지 못한다면 다른 사람의 고충을 대면하는 일은 요원해질 수밖에 없다.

내게도 버거운 현실과 불안한 미래의 무게에 짓눌리던 순간들이 있었다. 그 순간들이 결국 내게는 브랜딩을 위한 하나의 불씨가 되었다. 그 긴 터널을 지나왔기에 터널을 지날 때의 마음을 잘 이해하며 그런 어둠 속에서 어떻게 헤쳐나올 수 있는지 경험을 바탕으로 조언을 할 수 있다. 그것이 엄마 재테크 멘토이자 전문가라는 나의 퍼스널 브랜딩에 진정성을 담을 수 있는 이유다. 삶에서 힘들었던 순간들은 곧 자신의 소명을 비춰주는 거울이 된다.

내 삶을 스토리텔링한다

사람들과 재무 코칭을 할 때 던졌던 질문과 그에 대한 답변이다.

질문:

자신의 10대, 20대, 30대, 40대를 날씨로 표현해보세요.

답변:

- A

  10대: 맑음

  20대: 흐림

  30대: 맑음

  40대: 흐림

- B

  10대: 밝은 햇살이 비추고 있었고 따사로웠음

20대: 여름 태양이 작열하듯 열정적인 사랑을 했음

30대: 갑작스런 폭우가 내리고 천둥 번개가 침

40대: 가을 하늘처럼 평온이 찾아옴

이 답변을 보고 그들의 삶이 어땠는지 한번 상상해보자. A의 답변은 간단명료하고 심지어 약간 차갑기까지 하다. 답변만 봐서는 그가 어떤 삶을 살아왔는지 그림이 잘 그려지지 않는다. 그러나 B의 답변을 보면 마치 하나의 소설을 보는 듯한 느낌이다. 어떤 스토리가 떠오르고, 삶의 굴곡이 느껴진다.

사실 우리 모두의 삶은 스토리다. 누구나 다 자신만의 스토리를 갖고 있다. 생각해보면 특별한 일이 아닌데 어떤 사람의 삶은 유독 흥미롭게 들린다. 더 공감이 가기도 하고 자꾸만 이야기를 듣고 싶다. 과연 무슨 차이일까?

바로 '스토리를 엮어내는 힘'의 차이다. 자신의 경험을 있는 그대로 시간 순서대로 나열하는 것은 아무런 흥미를 불러일으키지 않는다. 예전에 내용이 매우 알찼지만 인기를 끌지 못한 채 몇몇 독자들에게 읽히고는 주요 서점에서 사라져버린 책이 있었다. 왜 그런가 싶어 가만히 보니 스토리가 너무 교과서처럼 딱딱하게 사실만 나열되어 있었다. 자신이 이런 일을 겪었는데, 그 일은 이러저러했고 구구절절 본인이 얼마나 열심히 살아왔는지만 쭉 설명하고 있었다.

'구슬이 서 말이라도 꿰어야 보배다'라는 말을 기억하자. 아무리 좋은 글감이 있고 스토리가 있어도 이것들을 잘 엮지 못하면 듣는 사람은 눈을 껌뻑껌뻑하며 졸 수도 있다. 아무리 내용이 좋아도 어떻게 스토리텔링을 하느냐에 따라 결과는 완전히 달라진다.

스토리텔링에 대한 이야기를 하는 이유는 브랜딩과 아주 밀접한 관련이 있어서다. 그리고 스토리텔링이 잘 되면 성공적인 브랜딩으로 이어지기도 한다. 스토리텔링에 어떤 공식이 있는 것은 아니지만 대체적으로 사람들이 좋아하는 이야기에 공통적으로 존재하는 이야기 구조가 있다. 가장 대표적인 것이 '권선징악' 스토리다. 선한 주인공은 아주 밝은 세계에서 잘 살고 있다가 갑자기 시련과 고난을 겪는다. 이때 고난을 주는 악당이 등장한다. 그러다 주인공은 조력자를 만나 고난을 함께 극복하고, 결국 원하는 것을 쟁취한다. 이때 주인공에게 고난을 준 악당은 반드시 벌을 받는다. 이런 스토리를 통해 사람들은 결국에 선이 승리한다는 데서 희열과 안도를 느낀다.

스토리텔링이 잘 되어 있으면 사람들은 계속해서 이렇게 묻는다.

"다음 이야기는 뭔데? 얼른 이야기해줘!"

이 타이밍을 기가 막히게 아는 콘텐츠 제작자들은 딱 이때에 맞춰 광고를 넣거나 끝내버린다. 그러면 다음 이야기에 대한 궁금증은 더욱더 폭발한다.

이처럼 자신의 삶도 스토리텔링으로 엮어낼 수 있어야 한다. 특별한 브랜드에는 자신만의 브랜딩 스토리가 존재한다. 사실 그것은 진짜 팩트를 나열했다기보다 해석과 의미 부여가 들어간 또 하나의 스토리다.

나 역시 '엄마 재테크 전문가'라는 브랜드만 갖고 있었다면 이렇게 힘을 발휘하진 못했을 것이다. 책으로, 강연으로, 방송으로 계속해서 내가 살아온 이야기를 브랜드에 맞게 해석하고 압축해서 공유해왔기 때문에 나의 브랜드가 사람들에게 더 특별하고 가치 있게 다가갈 수 있었다. 지금부터 당신이 제공하고자 하는 솔루션에 자신의 스토리를 잘 녹여보자. 자신의 삶을 멋지게 엮어낼 수 있을 때 퍼스널 브랜딩이 시작된다.

온리원 브랜딩 원칙 4

내가 잘하는 것 하나에 집중한다

멘티 중 경력 단절을 겪은 전업주부가 있었다. 대기업에서 일하다 육아 때문에 회사를 그만두었는데, 맞벌이로 살다가 수입이 줄어드니 불안감이 너무나 커졌다. 그래서 아이들이 유치원에 간 시간을 이용해 독서지도 전문가 자격증과 영어 TESOL 자격증까지 땄다. 그런데도 그분은 "앞으로 어떻게 해야 수입을 높일 수 있을까요? 이제는 공인중개사 자격증을 따볼까요?"라고 질문했다.

이런 분들을 볼 때마다 정말 안타깝다. 누구보다 열심히 사는데 결과를 만들어내지 못하고 계속해서 방황하는 분들을 보면 한 가지에 집중하지 못한 경우가 많다. 조금 해보고 옮기고, 조금 해보고 바꾸는 것이다. 취업을 준비할 때도 스펙 그 자체가 목적인 사람들이 있다. 그런데 스펙 역시 일관성이 있어야 하며, 자신만의 강점과 스토리가 드러나야 특별하게 다가온다. 스펙 그 자체가 목적이 되는 게 아니라 '자신만의 목적'이 있고서 그에 맞는 스펙을 쌓아가야 하는 것이다.

말콤 글래드웰의 《아웃라이어》를 보면 이제는 너무나 유명해진 '1만 시간의 법칙'이 나온다. 어떤 일이든 1만 시간 연습을 하면 성과가 뚜렷하게 날 수 있다는 것이다. 이처럼 뭔가 성과가 나기 위해서는 반드시 절대적인 시간과 노력이 투입되어야만 한다. 즉, 양이 쌓여서 질로 가는 것이다. 임계점을 넘기 전에 큰 성과가 났다면 그것은 운의 힘이 크게 작용한 것이다. 탄탄한 내공과 실력으로 거둔 결과가 아니므로 금방 무너질 가능성이 높다. 따라서 커다란 '한 방'이나 '운발'에 기댈 게 아니라, 설사 결과가 일찍 나왔다고 하더라도 꾸준히 내가 하고자 하는 길에 몰입하면서 임계점을 넘을 때까지 시간과 노력을 투입하는 게 중요하다.

지인 중에 기업의 사보 사진기자로 일하는 친구가 있었다. 그녀는 몇몇 기업의 사보 촬영을 맡아 프리랜서로 일했다. 그런데 막상 사보 인터뷰 촬영을 해도 수입이 기대보다 낮았다. 그때부터 그녀의 방황이 시작되었다. 사진기자 일이 적성에 잘 맞고 좋았지만 수입이 더 될 수 있는 다른 일을 찾아 나선 것이다. 과외 교사 일을 하기도 했고, 나중에는 화장품 판매업체에서 일하기도 했다. 물론 이런 여러 가지 경험은 결국에는 피와 살이 되기도 한다. 하지만 어느 하나도 임계점을 넘을 때까지 노력하지 않았다는 게 문제였다.

경제적 독립을 위해서는 반드시 '양에서 질로의 전환'이 필요하다. 그런데 단시간에 여러 가지 일을 하게 되면 어느 하나도 양이 제대로 쌓이지 못해 전문성이나 나만의 브랜딩으로 승부하는 일은 요원해진 다. 말 그대로 여러 개의 우물, 그것도 나중에 쓸 수 없는 우물만 파다가 끝나는 것이다. N잡러로 성공한 사람들도 많은 직업 중 한 가지 일에 는 전문성을 발휘하고 있다는 특징이 있다. 온리원 브랜드를 만들고 싶 다면 우선은 자신이 잘하고 좋아하는 한 가지 일에 집중하는 게 정말 중요하다.

혹시 나 자신의 능력에 한계를 지우고 이곳저곳 기웃거리면서 나의 강점을 계속 미뤄두는 삶을 살고 있지는 않은가? 이제는 그 패턴을 벗 어던져야 한다. 나만이 갖고 있는 강력한 강점에 모든 것을 쏟아부어야 한다. 그것이 바로 온리원 브랜드를 위한 필수 코스이다.

'나'를 스토리텔링하라

앞에서 온리원 브랜딩 원칙 네 가지에 대해 알아보았다. 이 중에서 세 번째 원칙 '내 삶을 스토리텔링하라'에 대해 좀 더 구체적으로 이야기 해보고자 한다. 이제는 어떤 직업도, 어떤 직장도 안정성을 보장하지 못하는 시대가 되면서 '특별함'과 '경험'이 더더욱 각광받기 시작했다. 고유한 가치는 그만큼 더 큰 힘을 발휘하기 때문이다. 이제 자신만의 콘텐츠가 삶에서 중요한 무기가 되는 시대가 도래했다.

《매거진B》의 박찬용 에디터는 저서《요즘 브랜드》에서 "브랜드가 만들어내는 모든 이야기의 목적은 자신을 좋아하게 하는 것."이라고 주장했다. 그의 말대로 나의 브랜드를 이야기함으로써, 즉 나의 강점을 스토리텔링함으로써 요즘처럼 정보가 넘쳐나고 광고와 홍보가 범람하는 시대에 사람들의 마음을 움직여 고객이 나를 선택하게 만들 수 있다. 물론 하루아침에 뚝딱하고 되는 일이 절대 아니다. 치밀한 전략과 오랜 준비 과정 그리고 꾸준함이 필요하다.

이런 스토리텔링에도 여러 방법이 있겠지만 우리와 같은 개인에게 가장 현실적이고 효과적인 방법은 사진과 텍스트 등을 이용해 직접적으로 보여주는 것이다. 블로그나 인스타그램, 페이스북 등에 자신의 이야기를 올리는 사람도 있지만 나는 책을 택했다.

내가 직장인으로서의 삶에 한계를 느끼던 때를 떠올려보면 당시 나의 한계는 명백했다. 직장인으로서는 나와 가족의 경제적 자유를 누리기란 요원하다는 것이 첫째였고, 통역사로서 나의 직업이 더 이상 아무런 가슴 떨림도 기대감도 주지 못했다는 것이 둘째였다. 이때 내가 선택할 수 있는 길은 세 가지 정도였다.

첫 번째 길은 경쟁력을 갖추기 위해 부단히 노력하고 그 분야에서 최고가 되는 것이었다. 어느 분야든 명실공히 최고의 위치에 오르면 부는 자연히 따라오게 되어 있어 이 또한 하나의 길이었다. 하지만 어떤 분야에서 최고가 된다는 것은 모든 것을 쏟아부어도 불투명한 일이다. 게다가 통역사로서의 삶이 나쁘진 않지만 진정 내가 원하는 길은 아니라는 답이 나온 상황에서 그렇게까지 매진할 열정은 남아 있지 않았다. 그래서 선택지에서 지워야만 했다.

두 번째 길은 직장을 그만두고 내가 하고 싶은 일, 경제적 자유를 누릴 수 있는 일에 올인하는 것이었다. 하지만 앞에서도 말했듯이 무작정 직장을 그만두는 것은 나만이 아니라 가족의 삶까지 힘들게 만들 수 있기에 내 선택지에서는 지워졌다.

남은 길은 나의 강점을 살려 소득 창출 시스템을 만들어 경제적 자유와 행복을 누리는 것이었다. 이때 두 번째 길과 다른 점은 그 길이 좀 더 명확해질 때까지는 직장 생활을 병행한다는 것이었다.

결국 나는 마지막 방법을 택했다. 직장을 다니면서 경제적 자유를 위한 투자와 재테크를 시작한 것이다. 이를 위해 돈 공부를 시작했고, 나의 강점을 가장 잘 살릴 수 있는 투자와 재테크가 무엇인지 고민했다. 그리고 여러 시행착오 끝에 부동산 투자에 집중하기로 했다. 잠시 주식이 잘 맞을 것이라 생각한 적도 있었지만 초심자의 행운으로 초반에 잠시 수익을 올렸을 뿐 이후로는 좋지 않았다. 또한 틈만 나면 주가를 확인하며 일희일비하느라 전혀 행복하지 않았다.

나는 결코 돈에만 매달릴 생각은 없었다. 부동산 투자를 하는 동안에도 작가라는 오랜 꿈을 놓지 않았다. 엄마라는 이름의 무게에 눌려 잠시 내려놓고 있었지만 평생 글을 쓰면서 나의 생각을 사람들과 공유하며 살고 싶었다. 그렇게 꿈을 향한 여정을 밟으면서 다른 사람에게 도움을 줄 수 있는 글을 쓰겠다는 새로운 길을 찾았던 것이다.

그때부터 나의 경험들을 하나하나 기록으로 남겨두기 시작했다. 이렇게 기록하는 것은 나 자신에게도 삶의 의미를 발견하는 기회가 되어주었다. '내가 이런 생각을 하고 살았구나', '이때 나는 왜 이런 결정을 했을까?', '그 선택은 나에게 어떤 영향을 주었을까?', '앞으로 나는 어떻게 살아가야 할까?' 등을 끊임없이 되새기고 미래를 그리게 된 것이다. 그리고 기록을 바탕으로 책을 출판함으로써 결국 강점을 통한 새로운 커리어를 만들게 되었다.

스토리텔링에는 전략이 필요하다

나는 책을 내는 데서 멈추지 않았다. 전략적으로 나 자신을 브랜드화하기로 했다. 직장인으로서, 통역사로서 뼈저리게 느낀 한계를 이번에는 똑같이 되풀이하고 싶지 않았다. 그래서 작가이자 강사인 나를 브랜딩할 방법을 처음부터 염두에 두었고 '나만이 해줄 수 있는, 내 경험을 스토리텔링함으로써 하나의 브랜드가 된다'는 목표를 세웠다. 그렇게 엄마를 대상으로 한 경제 대중서《엄마의 돈 공부》,《엄마의 첫 부동산 공부》를 집필했고 이로써 '엄마 재테크 전문가'로 스스로를 포지셔닝하고 브랜딩하는 데 성공할 수 있었다.

하지만 이런 스토리텔링에도 나름의 전략이 필요하다. 내 이야기를 주야장천 늘어놓기만 한다고 해서 브랜드가 되는 것도, 스토리가 되는 것도 아니다. 나는 지금까지 여러 책을 읽고 직접 책을 써본 경험을 통해 '나의 경험을 하나의 스토리로 구성하는 패턴'을 발견했다. 이것을 나는 '퍼스널 브랜드 다이아몬드 공식'이라 부른다.

퍼스널 브랜드 다이아몬드 공식

첫째, 에피소드 정리하기
둘째, 공감 에피소드 선별하기
셋째, 에피소드와 핵심 메시지 결합하기
넷째, 강렬한 도입부 구성하기
다섯째, 핵심 메시지 함축 표현하기

사실 이것은 책 쓰기에 좀 더 부합하는 공식이지만 책뿐 아니라 자신의 경험을 전달하는 경우에도 적용될 수 있다. 총 다섯 단계로 이뤄진 이 공식을 내 경험에 맞춰 살펴보면 다음과 같다.

첫째, 에피소드 정리하기다. 지금까지의 삶을 돌아보고 그중 내가 이야기하고자 하는 바에 맞는 에피소드들을 정리해본다. 내 경우 기본적으로는 재테크, 즉 '엄마'로서의 돈 공부와 재테크에 대한 이야기를 해야 했는데 돈과 관련된 굵직한 에피소드들을 기록해보기로 했다. 그리고 내 삶에 변화가 필요하다고 느낀 순간, 위기라고 느꼈던 순간은 언제였는지를 떠올렸다. 이는 내가 돈 공부를 해야 할 필요성과 당위성을 깨닫게 된 계기로, 나와 같은 상황에 놓여 있거나 비슷한 경험을 한 엄마들에게 큰 공감을 불러일으킬 수 있는 것들이었다. 월세로 결혼 생활을 시작했던 것부터 빌라를 전전하면서 느낀 가난에 대한 두려움, 몸도 마음도 피곤하고 나만의 시간은 전혀 가질 수 없었던 워킹맘으로서의 삶이 그런 경험들이라 할 수 있다.

둘째, 공감 에피소드 선별하기다. 앞서 이야기들이 작가로서 나만의 이야기에 가깝다면 이제 내 책의 주요 독자층이자 이후 강사로서 만날 '대한민국 평범한 엄마'들이 겪었음직한, 모두가 공감할 만한 이야기를 정리할 차례였다. 여기에는 아이를 낳기 전 '이지영'이라는 한 개인으로서의 삶과 이후 '엄마'로서의 삶이 어떻게 달라졌는지가 포함됐다. 나를 잃어버리는 것은 모든 엄마들이 겪는 일이기 때문이다. 집안이 풍족하건 가난하건, 전업주부건 워킹맘이건, 30대건 40대건, 서울 엄마건 지방 엄마건 마찬가지다. 또한 돈 때문에 힘들었던 에피소드도 정리해보았다. 이는 엄마들에게 실질적으로 도움을 줄 수 있는 솔루션을 만들어내는 데 좋은 소스가 되었다.

셋째, 에피소드와 핵심 메시지를 결합하는 것이다. 두 번째 과정까지는 대부분 잘 따라오지만 이 단계부터는 많이 어려워한다. 그만큼 우리는 자신의 삶을 재해석하고 의미를 부여하며 다른 사람과 나누는 데 익숙하지 않은 것이다. 그러나 나의 경험과 이야기가 콘텐츠가 되려면 반드시 거쳐야 하는 단계다.

앞의 두 가지 분류에 따른 에피소드들이 정리가 됐다면 이를 앞으로 풀어가려는 스토리에서 전하고자 하는 핵심 메시지와 연결시켜야 한다. 그렇지 않으면 그냥 한번 읽고 "맞아, 나도 그랬어." 하고 넘어가는 가십거리를 넘어서지 못한다. 사람들은 에피소드 자체에 감동을 받는 것이 아니라 그 에피소드가 주는 메시지와 주제에 영감을 얻는다.

내가 첫 책에서 이야기하고 싶었던 것은 가족의 행복과 나의 자존감 회복을 위해 엄마가 돈 공부를 시작해야 한다는 것이었다.

'아이를 낳은 후 삶이 완전히 변했는가? 누구 엄마, 누구 아내로만 살아오느라 진짜 나는 사라졌는가? 그렇다면 자존감을 되찾아야 한다.'
'돈 때문에 힘들고 아이에게 미안해하고 있는가? 그렇다면 미래를 위해, 아이에게 미안해하지 않기 위해서라도 돈을 알고 경제적 자유를 찾는 방법을 알아야 한다.'
'이제 엄마로서, 엄마에게 맞는 돈 공부를 시작하라!'

이런 자연스러운 흐름으로 확실한 동기부여를 해주면 독자들은 이후의 이야기에 더욱 귀를 기울이게 된다.

넷째, 강렬한 도입부 구성하기다. 책을 1쪽부터 끝까지 순서대로 쓴다고 생각하면 오산이다. 실제로는 프롤로그를 가장 마지막에 쓰기도 한다. 나는 도입부만큼은 마지막에 꼭 다시 한번 꼼꼼히 수정할 것을 권한다. 어느 정도 이야기의 틀이 잡힌 상황이라면 처음에 독자들을 몰입하게 만들 '강렬한 한 방'이 필요하기 때문이다. 예를 들어 천만 관객을 돌파한 〈신과 함께〉라는 영화의 1편을 보면 주인공이 죽는 장면부터 시작된다. 주인공이 처음부터 죽는 경우는 거의 없기 때문에 사전 정보 없이 영화를 접한다면 여기서부터 뒤통수를 맞은 듯해 흥미를 느끼고 더욱더 영화에 몰입하게 된다.

나는 빌라 원룸에서 1,500만 원으로 결혼 생활을 시작하고 이후 옥탑방으로 이사를 간 이야기로 첫 책을 시작했다. 어려운 시절을 견디고 자수성가한 스토리는 진부하지만 그럼에도 사람들은 그런 이야기에 열광한다. 내 또래의 엄마라면 결혼 생활을 1,500만 원으로 시작한다는 것이 얼마나 힘든지, 아이가 있는 상황에서 옥탑방으로 이사를 간다는 것이 얼마나 큰 결심이 필요한 것인지, 그런 상황에서 '엄마'로서 아이에게 얼마나 미안할지 쉽게 상상이 가고 공감할 수밖에 없다.

이처럼 이야기를 꼭 시간 순으로 나열해야 한다는 생각에서 벗어나야 한다. 사람들에게 강렬한 인상을 줄 수 있는, 이후의 스토리를 궁금해할 수밖에 없는 이야기로 도입부를 만들어보자.

다섯째, 핵심 메시지를 압축하여 한 마디로 표현하는 것이다. 다시 말해 함축적인 메시지 표현이다. 단순하게 표현될수록 사람들의 뇌리에 명확하게 각인될 수 있다. 여러 가지 메시지를 나열하면 사람들은 혼란을 느끼게 되고 이해하기 어려워한다. 그렇기 때문에 자신의 경험과 지식을 스토리텔링으로 표현하는 가운데에서도 중심을 관통하는 하나의 메시지가 있어야 하며, 이를 몇 초안에 말할 수 있을 정도로 간단명료하게 표현할 수 있어야 한다.

베스트셀러나 영화의 세목만 봐도 금방 이해할 수 있을 것이다. 예를 들면 《꿈꾸는 다락방》, 《아프니까 청춘이다》, 《노는 만큼 성공한다》 등의 책은 모두 베스트셀러가 되었고, 나아가 확고한 저자 브랜드를 확보하게 되었다. 이 책들은 모두 독자들에게 살아갈 용기와 희망, 위로 등을 주고 싶었던 책의 핵심 메시지를 제목에 명료하게 드러냈다.《꿈이 있는 아내는 늙지 않는다》,《멈추지 마, 다시 꿈부터 써봐》,《부자언니 부자특강》등의 책 제목도 마찬가지다. 저자의 핵심 메시지가 제목에서 그대로 드러난다.

얼마나 핵심 메시지를 단순하고 명료하게 표현할 수 있는가, 이것이 퍼스널 브랜드의 운명을 결정한다. 스토리텔링을 통해 브랜딩할 때 가장 마지막 단계가 '브랜드 메시지를 간결하게 표현하기'인 것도 그 이유다. 이것이 당신의 퍼스널 브랜드의 성공을 좌우한다. 이렇게 자신만의 경험을 스토리텔링하는 데 성공하면 경쟁자의 등장을 두려워하지 않아도 되는 온리원 브랜드에 다가설 수 있다.

엄마의 일상을 유튜브 콘텐츠로 탄생시키는 법

작년에 봤던 인상적인 글 중 하나가 '초등학생의 장래 희망 1위는 크리에이터 creator'라는 제목의 기사였다. 여기서 크리에이터가 발명가나 제조업 생산자라고 생각하는 사람은 없을 것이다. 이 기사에서 말하는 크리에이터는 유튜브를 필두로 하는 개인 방송인을 가리키는 말이다(앞으로 유튜브에서 활동하는 크리에이터를 편의상 '유튜버'로 부르겠다).

가수 싸이는 〈강남 스타일〉이라는 노래의 뮤직 비디오가 유튜브에서 수억 회의 조회 수를 기록하면서 월드 스타로 거듭났다. 이제 신인 가수들은 공중파 방송에 출연하기도 전에 유튜브에서 뮤직 비디오를 공개하기도 한다.

하지만 이런 1인 방송 또는 개인 방송 채널을 통해 스타가 되는 것이 꼭 연예인들만의 이야기는 아니다. 수많은 일반인들이 여러 채널에서 자신의 영상을 공유하면서 스타가 되었고 많게는 연간 수십억 원의 수입을 올리고 있다. 그중 한국 가요와 팝송을 가리지 않고 자신만의 스타일로 해석해서 부르고 이를 영상으로 촬영해 올리는 한 유튜버는 구독자만 1,100만 명을 훌쩍 넘겼다. 그녀의 연간 수입은 정확히 밝혀지지 않았으나 각종 통계 사이트와 전문가들은 2018년 한 해에만 약 32억 원이 될 것으로 예측했다. 심지어 50억 원에 이를 것으로 보는 전문가도 있다.

물론 그녀는 노래를 매우 잘하고 외모도 출중하다. 그렇다고 해서 이런 개인 방송이 꼭 특별해 보이는 사람만 할 수 있는 것은 아니다. 지극히 평범해 보이는 외모에 전문 기술이나 양질의 뉴스를 전달하지 않아도 연예인 못지않은 인기를 끌며 엄청난 수입을 올리는 유튜버도 적지 않다.

자신이 읽은 책을 리뷰하거나 PC 게임 또는 모바일 게임을 리뷰하고 중계하는 영상만으로도 큰 인기를 누리는 유튜버도 있다. 전문가가 아님에도 정치적 사안에 대해 분석하고 의견을 말하는 것만으로도 수만 명의 구독자를 보유하기도 하고, 자신이 키우는 고양이와의 일상을 업로드하는 것만으로도 영상마다 수십만 회의 조회 수를 기록하기도 한다. 유명 여행지나 일류 호텔들을 다니며 리뷰를 올리는 사람도 있다. 심지어 '먹방'이라는 이름으로 자신이 뭔가를 먹는 모습을 촬영해 업로드하는 유튜버가 연간 수억 원의 수입을 올리기도 한다.

과거 드라마 본방사수를 외치던 평범한 시청자가 이제 수십만 명이 시청하는 방송의 주인공이 되고 있는 것이다. 앞서 언급한 국민 할머니 유튜버 박막례 할머니는 전라도 사투리로 자신의 일상과 소소한 이야기들을 풀어놓는다. 그것만으로도 약 95만 명의 구독자를 보유했고 총 조회 수 1억 회를 훌쩍 넘겼다(2019년 6월 기준). 심지어 미국의 패션 매거진에 소개됐는가 하면 구글 본사에서 진행하는 행사에 한국 대표로 초청되기도 했다.

이처럼 과거에는 특별한 사람, 타고난 사람만이 될 수 있다고 생각했던 콘텐츠 생산자의 길은 이제 모든 사람에게 열려 있다. 평범했던 '콘텐츠 소비자'가 '콘텐츠 생산자'로 역할이 바뀌는 현상이 가속화되고 있는 것이다. 그럼에도 여전히 많은 사람들이 콘텐츠를 소비하는 사람으로만 남아 있다. 자신이 생산자가 된다는 생각조차 하지 못하는 것이다. 이들은 시대가 변했음에도 콘텐츠를 제작하고 생산하고 배포하는 사람은 특별하고 특출한 사람의 영역이라고 여긴다.

이제 콘텐츠 생산은 더 이상 연예인이나 전문 방송인, 지식인들의 영역이 아니다. 과거에는 숙련된 배우나 아나운서, MC 등이 연기하고 진행하는 모습을 전문가들이 고가의 장비를 이용해 촬영하고 수많은 제작진의 기획 및 편집 과정을 거쳐 매체에 방영되는 식으로 방송이 만들어졌다. 하지만 세상은 변하기 마련이고, 콘텐츠 분야도 가히 혁명이라 할 만한 변화를 맞이했다. 1인 방송 전성시대라 할 정도로 수많은 유튜버들이 다양한 채널에서 활동 중이다.

그중 상당수는 기껏해야 20만~30만 원 정도의 비용으로 장비를 구해 자기 집에서 영상을 촬영한다. 심지어 별다른 조명이나 마이크 등도 구비하지 않고 스마트폰으로 자취방에서 촬영해 영상을 업로드하는 사람도 적지 않다. 그럼에도 불구하고 앞서 말했듯이 이들의 수입과 인기가 어지간한 연예인보다 높은 경우도 많다.

이는 우리 모두에게 기회가 열려 있다는 뜻이기도 하다. 전문적인 기술이나 지식이 없어도, 연예인 같은 외모나 목소리를 갖고 있지 않더라도, 고가의 장비를 갖추지 않아도 콘텐츠 생산이 가능하고 이것이 브랜딩이 되어 큰 수입을 올릴 수 있다는 말이다. 그러니 더 늦기 전에 '내가 어떻게 방송을 해?'라는 의심과 불안을 버리고, 이런 변화의 물결을 타기 위해 시도해볼 필요가 있다.

드라마를 본방사수하던 시청자에서
콘텐츠 생산자가 되기까지

반가운 소식은 엄마라는 위치가 콘텐츠 생산자로 거듭나기에 매우 유리한 조건이라는 것이다. 살림, 육아, 요리, 메이크업, 워킹맘, 경력 단절 등 엄마로서 일상에서 겪는 모든 것과 관련 주제들이 콘텐츠로서 강력한 힘을 발휘할 수 있고, 이 콘텐츠는 수입으로 연결될 수 있다. 여기에는 엄마들이 콘텐츠 시장의 가장 크고 강력한 수요자라는 점 역시 강점으로 작용한다.

39년차 주부 유튜버 '심방골주부'님은 요리 관련 콘텐츠를 제작한다. 3년간 블로그에 음식 레시피만 올리다가 글과 사진으로만 소통하는 데 아쉬움을 느끼던 차에 막내아들의 권유와 도움으로 유튜브에 도전하게 되었다. 그렇게 시작한 유튜브 채널은 현재 28만 명의 구독자를 자랑하고 있다(2019년 6월 기준). 특히 김장 김치 담그는 법, 잡채가 불지 않는 황금 레시피는 엄청난 조회 수를 기록하고 있다. 사실은 이런 제목 하나에도 주부들이라면 누구나 공감할 만한 포인트가 녹아 있다. 주부가 아니었다면 영상의 제목에 '불지 않는'이라는 표현을 넣을 수 없었을 것이다.

나도 뒤늦게 유튜브에 합류했지만 이로써 나라는 브랜드를 더 공고히 할 수 있는 더 많은 기회를 얻게 되었다. 지금부터 나의 경험을 바탕으로 '엄마의 일상을 유튜브 콘텐츠로 탄생시키는 방법'에 대해 이야기해보겠다.

첫째, 브레인스토밍을 통해 소재를 선정한다. 이때 명심해야 하는 건 '사적인 일상이 가장 강력한 소재가 된다'는 점이다. 그동안 많은 엄마들을 만나면서 그들이 유튜브를 시작하기 어려워하는 가장 큰 이유는 '힘이 너무 많이 들어가 있어서'라는 것을 알게 되었다. 제대로 세팅된 촬영 환경에서 예쁘게 메이크업을 하고 앉아 꾀꼬리 같은 목소리로 찍어야 할 것만 같은 압박을 느낀다는 것이다. 또 자신이 어떤 영역의 전문가가 아니기에 특별히 전할 만한 이야기가 없다는 이유를 들기도 한다.

그러나 절대 간과해서는 안 될 사실이 한 가지 있다. 현재 유튜버로 활동하는 사람들도 다 나와 비슷하다는 것이다. 게다가 유튜브를 보는 사람들은 진지하게 자기계발을 하거나 고민하고 싶어서 영상을 보는 게 아니다. 오히려 머리를 환기시키고, 아무 생각 없이 웃거나 자기 전에 편안한 마음을 갖고 싶어 보는 경우가 훨씬 많다.

엄마들의 삶은 대체로 닮아 있다. 워킹맘이라면 아침에 아이들을 등원시키랴 출근하랴 녹초가 된다. 회사에 출근해서도 아이가 잘 지내는지 안절부절못하고, 퇴근 때도 아이를 픽업하느라 진을 뺀다. 그렇게 서둘러 집으로 돌아오면 곧바로 저녁을 차려야 한다. 그렇지만 밤이 되어 곤히 잠든 아이의 모습을 보면 세상 그 무엇보다 큰 행복감을 느끼기도 한다.

많은 사람들이 다른 사람의 일상을 보고 싶어 하는 건 다른 사람도 나와 별반 다르지 않다는 '위안'과 지난한 일상 속에서도 희망을 잃지 않는 모습을 통해 '용기'를 얻고 싶기 때문이다. 그렇기에 어떤 콘텐츠를 시작할지 고민할 때 독특하고 특출한 것을 찾으려 애쓸 이유가 없다. 그보다 평범한 일상의 모습이 훨씬 인기 있는 콘텐츠가 될 수 있다.

따라서 브레인스토밍 단계에서는 힘을 빼는 게 가장 중요하다. 나역시 경제 전문가가 아니기에 재테크 책을 쓰는 데 큰 부담을 느꼈지만 바로 그 점을 강점으로 활용하기로 하고 용기를 냈다. 실제로 그 점 때문에 평범한 엄마들의 고민을 더 잘 포착할 수 있었다.

소재를 찾기 위해서는 몇 가지 질문을 해보자. 이때 너무 고민하지 말고 바로바로 떠오르는 것을 적는 게 중요하다. 답변을 보다 보면 공통적으로 보이는 분야가 있을 것이다. 그것이 바로 내가 가장 전하고 싶은 소재다.

소재를 발견하기 위한 다섯 가지 질문

- 내가 좋아하는 분야는 무엇인가?
- 내가 지속적으로 할 수 있는 분야는 무엇인가?
- 내가 관심 있는 분야는 무엇인가?
- 내가 자신 있는 분야는 무엇인가?
- 남들이 내게 자주 조언을 구하는 분야는 무엇인가?

둘째, 핵심 타깃을 설정한다. 이때 타깃 층은 구체적으로 설정할수록 콘텐츠 차별화에 유리하다. 예를 들어 요리 채널을 운영할 때 '시간이 부족한 30대 맞벌이 부부를 위한 간편 레시피', '1인 가구 자취생을 위한 편의점 요리' 등으로 주제를 명확하게 정하는 것이다. 내가 설정한 타깃은 주로 '결혼 후 돈을 모아야겠다는 절박함과 마주한 3040 엄마들'로, 유튜브 채널에서도 이들의 고충과 고민에 귀를 기울이고 이들에게 최적화된 솔루션을 제공하기 위해 노력하고 있다.

셋째, 채널 이름을 정한다. 채널 이름의 중요성을 간과하는 분들이 꽤 많은데, 결코 간단하게 생각해서는 안 된다. 그것이 곧 나의 브랜드가 되기 때문이다. 이름에 채널의 특징이 드러나면 가장 좋다. 예를 들어 '가전주부'라는 이름의 유튜버는 자신의 네이밍 스토리를 이렇게 소개한다. 어느 날 자신이 주부인데도 살림을 전혀 하고 있지 않더라는 것이다. 로봇청소기, 식기세척기, 건조기 등 기계들이 일을 하고 정작 본인은 소파에 앉아 있는 현실을 인식하고는 '가전주부'라는 이름을 붙였다고 한다. 이렇게 재치 있는 네이밍에 더해 재미있는 네이밍 스토리까지 갖추고 있다면 금상첨화다. 실제로 가전주부님은 구독자들로부터 이름이 재미있다는 평을 많이 듣는다고 한다.

넷째, 유튜브 핵심 요소를 분석한다. 한 분야를 정했다면 다양한 채널을 보고 성공 요인을 분석하는 것이다. 특히 해당 분야에서 인기를 끌고 있는 영상을 보고 분석할 것을 권한다. 그 채널의 썸네일 특징, 키워드, 구독자 층, 영상 길이, 강점과 약점 등을 낱낱이 분석하는 것이다. 또한 반드시 같은 분야가 아니라고 해도 내가 유독 좋아하고 편안하게 느끼는 채널이 있다면 그 채널의 스타일을 분석해 적용할 수 있다. 이때 그 채널이 어떤 키워드를 통해 구독자가 많이 유입되는지를 꾸준히 살피는 게 중요하다.

또한 파워 유튜버들이 자신의 노하우와 경험 등을 공개한 도서가 시중에 많이 나와 있으므로 이것들을 참고해보는 것도 좋다. 나 역시 유튜브 채널을 개설하면서 이런 책들의 도움을 많이 받았다. 대표적인 다섯 권을 소개한다.

인기 유튜버로 거듭나기 위한 참고 도서

- 《유튜브로 돈 벌기》(이혜강·국동원, 길벗)
- 《유튜브의 신》(대도서관, 비즈니스북스)
- 《된다! 김메주의 유튜브 영상 만들기》(김혜주, 이지스퍼블리싱)
- 《유튜브 레볼루션》(로버트 킨슬, 더퀘스트)
- 《나는 유튜브 크리에이터를 꿈꾼다》(샌드박스 네트워크, 위즈덤하우스)

다섯째, 촬영 장비 및 관련 기술을 익힌다. 어떤 장비를 활용해야 할지 감이 안 잡힌다면 다른 유튜버들은 무엇을 쓰는지 관찰하자. 이미 많은 유튜버들이 자신은 어떤 장비와 편집 프로그램을 쓰는지 영상으로 공유하고 있다. 처음 시작할 때는 가성비 좋은 장비를 구하는 게 좋다. 주변에 유튜버를 하겠다며 열정이 앞선 나머지 초기 비용을 많이 들여 최고급 장비를 구매했다가 결국 사용법도 어렵고 부담스러워서 도중에 그만둔 분들이 꽤 있다. 오히려 편집이 간편해서 스마트폰을 사용하는 유튜버가 많다.

편집 프로그램으로는 대부분 '프리미어프로'와 '파이널컷'을 이용한다. 본인이 편집까지 하는 것이 힘들다면 크몽 등 다양한 프리랜서 구인 사이트에서 작업자를 구해 아웃소싱할 수도 있다. 그러나 초기에는 다른 사람에게 의존하기에는 리스크가 많기 때문에 본인이 기본적인 기술을 알고 있는 게 좋다.

이렇게 장비 및 촬영 환경을 세팅하는 데 무엇보다 중요한 점은 가벼운 마음으로 즐기는 것이다. 그래야 꾸준히 지속할 수 있는 힘이 생긴다.

여섯째, 구독자와의 소통을 위해 노력해야 한다. 유튜브는 구독자들과 소통하기 위한 채널이다. 이때 중요한 건 '주기적인 업로드'다. 아무리 재미있고 유익한 채널을 기획했다고 해도 영상이 뜸하게 올라오면 구독자들이 금방 이탈한다. 최소 일주일에 2회 이상 주기적으로 업로드하는 것을 추천한다. 때로 실시간 방송도 기획해 진행한다면 구독자와의 유대를 쌓는 데 큰 도움이 된다. 또한 중간중간 구독자 이벤트 등을 통해 구독자들에게 진심 어린 감사를 표시하자. 같은 구독자를 많이 공유하고 있는 다른 채널과의 콜라보 방송을 기획해보는 것도 좋은 방법이다.

어떤 솔루션을 제공하느냐가
성패를 결정한다

2018년 초에 EBS 방송국에서 이런 제안을 받았다.

"선생님, 저희가 '6개월에 1,000만 원 모으기' 프로젝트를 하는데요. 혹시 멘토로 출연 가능하신가요?"

처음 제안을 받았을 때는 놀랍고 기쁘기도 했지만 사실 너무나 두려웠다. 그동안 강의는 많이 해왔지만 방송에서, 그것도 멘토로서 6개월이라는 장기 프로젝트를 진행한다는 게 매우 낯설었다. 또 이제 막 자리를 잡아가는 상황에서 너무 큰 도전은 아닐까 하는 생각이 들었다. 하지만 방송 작가의 한마디에 용기를 내기로 했다.

"절약만을 강조하는 천편일률적인 이야기보다 선생님의 성공 노하우를 많이 공유해주시면 시청자들이 정말 좋아할 거예요!"

출연을 결심한 이후 나는 본격적으로 솔루션을 정리하기 시작했다. 방송 작가의 말대로 절약만으로 돈을 모으는 데는 한계가 있다. 내 경우 오히려 '나를 위한 꾸준한 투자'가 지금의 나를 만들었다. 그렇게 정리한 나만의 솔루션은 다음과 같았다.

엄마들의 경제 멘토 이지영의 머니 솔루션

· 지난 3개월간 지출 내역 분석 후 예산 짜기
· 매달 소확행 버킷 리스트 작성으로 절약을 위한 동기부여하기
· 배움에 투자하기
· 향후 커리어에 도움이 되는 부업하기
· 모닝 플랜 쓰기

프로젝트에 참여해 멘토링을 진행한 결과, 190만 원의 월급을 받지만 늘 적자가 나서 부모님께 의지하던 한 멘티는 한 달 후 130만 원을 저축했다. 상업고등학교 졸업 후 15년간 똑같은 일만을 반복하던 다른 멘티는 방송통신대학 경영학과에 지원해 대학생이 되었다. 대기업 직원이었으나 항상 우울하고 목표 없이 방황하던 멘티는 방 한구석에 먼지가 쌓여 있던 피아노를 다시 치기 시작했다. 그리고 작곡 학원에 등록해 생애 처음 자신의 곡을 만들었다. 감사 메시지와 함께 그 곡을 보내주었을 때는 나도 모르게 눈물이 났다. 전원 1,000만 원 모으기에 성

공한 것이다.

사실 이들에게 제안했던 솔루션이 모든 사람에게 통하는 것은 아니다. 각자에게 최적화된 솔루션은 따로 있기 때문이다. 다만 프로그램의 특성상 개개인에게 맞추기는 힘들었기에 그들의 공통적인 성향에 맞춰 정리할 수밖에 없었다. 그럼에도 모두가 그런 극적인 변화를 맞이한 이유는 이때 지원한 멘티들의 연령과 성별, 재무와 심리 상태 등이 비슷했기 때문이다. 비록 각 개인에게 최적화된 것은 아니었더라도 그들에게 매우 효과적인 솔루션임은 분명했다.

이처럼 사업이 됐건 콘텐츠가 됐건 효과를 보고 성공을 거두려면 대상이 불편해하고 어려워하는 부분, 결핍을 느끼는 부분, 가려워하는 부분을 해결해주어야 한다. 자신이 좋아하는 브랜드나 꾸준히 활용하는 서비스가 있다면 잘 생각해보자. 분명 그것들은 나의 고충을 해결해주는 역할을 아주 잘 해내고 있을 것이다. 어떤 솔루션을 어떤 사람에게 제공하느냐를 명확히 하고, 이것이 제대로 이뤄지고 있는지 끊임없이 점검하면서 이를 구체적으로 명시하고 실행하는 것, 그것이 곧 그 브랜드의 힘과 사업의 성패를 좌우한다.

핵심 타깃의 마음을 사로잡는 솔루션의 비밀

앞서 말한 EBS 멘토로서 나만의 머니 솔루션을 마련했고, 곧 이어서 다른 EBS 프로그램에 출연요청을 받게 되었다. 다시 한 번 강조하지만, 강점을 바탕으로 퍼스널 브랜드를 구축하고자 할 때, 가장 중요한 것은 타깃 고객에게 어떤 솔루션을 제공하는가이다. 그렇다면 핵심 고객의 마음을 사로잡는 차별화된 솔루션은 어떻게 도출할 수 있을까? 이 부분에서 많은 사람들이 어려움을 느낀다.

얼마 전 기사에서 대도서관의 인터뷰를 보게 되었다.

'능력만 놓고 보면 저 자신이 부족하지 않은 것 같았지만, 고졸이란 타이틀은 다른 사람이 보는 잣대로 보면 부족한 거잖아요? 부족했던 스펙을 메우려면, 퍼스널 브랜딩이 답이라고 생각을 했어요. 제 이름 석 자를 브랜드로 만들어야겠다는 생각을 했어요.'

(2019년 3월 12일 PEOPLE TODAY 인터뷰 중에서)

대도서관은 퍼스널 브랜딩에 성공하고 1년에 17억을 버는 1인 크리에이터다. 그의 비법은 무엇이었을까? 호기심에 찾아본 그의 스토리에서 눈길을 끌었던 부분이 있었다. 당시 게임 방송은 게임 공략법을 알려주는 것이 대세였는데, 대도서관은 게임은 좋아했으나 실력이 프로게이머 수준이 아니었다. 그렇다고 그는 게임 방송을 포기하지 않았다. 그는 자신만의 특기인 스토리텔링과 입담으로 게임을 잘 모르는 사람들을 대상으로 방송을 했다. 결과는 어떠했을까? 방송은 엄청난 인기를 얻었다.

어쩌면 '솔루션 제공'이라고 해서 '나처럼 뛰어나게 잘하는 것도 없는 사람이 마음을 사로잡는 솔루션을 무슨 수로 만들겠어?'라며 시작하기도 전에 어렵게 느끼거나 막막한 마음이 들지도 모른다. 그런 사람들에게 나는 이 말을 전하고 싶다.

"바로 당신이기에 할 수 있어요!"

처음 퍼스널 브랜드를 구축하고자 할 때, 나 역시 내세우기에는 부족한 점이 너무나 많았다. 그랬기에 차별화된 솔루션을 쉽게 만들어 낼 수 있는 방법을 수없이 고민했다. 그러면서 다음과 같은 세 가지 원칙을 발견했다.

첫째, 공감을 바탕으로 차별화된 솔루션을 만들어라. 대도서관은 게임을 잘 하지 못하는 사람들의 마음을 이해할 수 있었다. 그가 바로 그들과 비슷한 상황이었기 때문이었다. 그렇기에 게임 공략법 대신 그들이 원하는 것이 어떤 것인지 알고 솔루션을 제시할 수 있었다.

나 역시 마찬가지였다. 내가 첫 책《엄마의 돈 공부》를 냈을 무렵에는 서점에 재테크 책은 많았다. 나보다 훨씬 어려운 상황에서 경매로 수십 채의 집을 장만한 분도 있었고, 다섯 명의 아이를 홀로 키우면서 1,000만 원 남짓한 종잣돈으로 시작해 자산가가 된 사람의 이야기도 있었다. 그러나 안타깝게도 그들은 오래 지속되는 자신만의 브랜드를 만들지 못했다. 공감보다는 자신의 성공 사례만을 나열하는 경우가 많았기 때문이다. 당시, 여성을 위한 재테크 책도 적었거니와 엄마를 겨냥한 책은 더욱더 찾아보기 어려웠다. 그런 책이 있더라도 평범한 사람과는 거리가 너무 먼, 큰 성공을 거둔 사람이 자신이 하는 일과 전문적인 이야기를 풀어놓는 경우가 많았다.

게다가 돈의 본질에 대해 이야기하거나 엄마가 돈 공부를 해야 하는 당위성을 제시하고 엄마들의 경제적 독립을 위한 마인드의 중요성을 이야기하는 책은 없었다.

하지만 현실에서 내가 본 엄마들은 재테크에 대한 정보나 전문적인 지식보다 좀 더 공감할 수 있을 만한 평범한 사람의 이야기, 돈 공부와 투자에 대한 두려움을 없애주길 원했다. 그래서 그 부분을 겨냥한 것이 나의 첫 책이었다. 또한 '돈'과 '공부'를 합친다는 것도 새로운 시도였다. 재테크는 단순히 돈을 불리는 기술이 아니라 탄탄한 내공과 기초를 기반으로 해야 한다는 점을 강조했던 것이다. 그 바탕에는 나 역시 '두려웠다'는 공감이 있었다. 어쩌면 이 책을 읽고 있는 당신 역시, 부족하고 힘들게 느껴지는 부분이 있을 것이다. 그것이 바로 당신이 차별화된 솔루션을 만들어 내는 가장 탄탄한 바탕이 된다.

둘째, 범위를 좁혀 타깃을 제한하라. 당시 대도서관이 게임을 잘 모르는 사람이 아닌, 잘하는 사람까지도 끌어들이려했다면 어떻게 되었을까? 또는 1인 방송이 재미있어서 게임이 아닌 다른 영역까지도 주제를 넓혀서 했다면 어떻게 되었을까? 일례로 얼마 전 백종원 대표가 운영하는 홍콩반점이라는 짬뽕 전문점이 큰 성공을 거두었다. 그 이유는 무엇이었을까? 백종원 대표는 메뉴를 간소화하면서 인건비를 줄이고 원가를 절감하여서 저렴한 가격에 맛있는 짬뽕을 제공할 수 있었다고 설명한다.

지금까지 내가 출간한 네 권의 책들은 모두 '엄마의'라는 제목으로 시작한다. 만약 내가 엄마들만이 아닌, 아빠, 가족, 이모까지 다 읽을 수 있는 책을 쓰려했다면 어떻게 되었을까?

나는 처음 책을 쓰기로 결심했을 때부터 내가 만들고 싶은 퍼스널 브랜드를 먼저 그렸고, 이에 맞는 콘셉트를 명확히 정했다. 그 덕분에 그 콘셉트에 맞는 독자와 수강생들에게 더 특화된 솔루션을 제공할 수 있었다.

또 제목도 독자층인 평범한 엄마들이 이런 의도를 명확히 파악할 수 있도록 '엄마의 돈 공부'로 정했다. 당시 재테크 제목을 보면 대부분 'ㅇ채의 집을 소유한', 'ㅇ억 자산의 주인공이 된'과 같이 성과에 초점을 두고 있었다. 그러나 내 책은 엄마들, 재테크 초보자를 타깃으로 했기에 엄마들의 숨은 욕구를 표현하는 '나를 잃고 싶지 않아 처음 시작한'이라는 부제를 달아 공감대를 형성하고자 했다.

처음부터 과욕을 부리면 퍼스널 브랜딩 구축이 힘들어진다. 내가 가장 잘 알고 있는 대상으로 범위를 좁혀서 그들만을 위한 솔루션을 고민해야 한다.

셋째, 초보도 쉽게 따라할 수 있는 전략을 제시하라. 사람들은 쉽고 심플한 솔루션을 원한다. 예를 들면, 다이어트를 할 때, 세심하게 칼로리를 모두 계산하고 운동도 여러 가지 많이 해야 한다고 트레이너가 설명한다면 어떻게 될까? 고객은 시작하기도 전에 솔루션을 실행할 의지를 잃는다.

요즘 유행하는 '간헐적 단식' 방법은 8시간만 식사하고 16시간 공복을 유지하는 다이어트 방법이다. 시간을 지키는 것으로 방법이 심플하여 방송에 자주 소개된다.

나의 두 번째 책《엄마의 첫 부동산 공부》는 제목에서도 알 수 있듯이 '부동산'이라고 하면 거창한 것이라 여겨 시도해볼 생각조차 하지 못하는 엄마들에게 '첫' 부동산 공부로 처음에 할 수 있는 심플한 솔루션을 제공하기 위해 쓴 것이다. 부제는 '내 집 마련부터 꼬마 월세까지, 이 책 한 권으로 따라 한다'인데, 이 부제는 경제적 자유를 위한 부동산 투자의 로드맵을 압축해 담고 있다. 또한 내 집 마련, 꼬마 월세(적은 월세)는 거창한 것을 원하는 게 아닌 단 몇 십만 이라도 소소하게 더 벌고 싶은 엄마들의 마음을 대변하고 있다.

두 책 모두 제목과 콘셉트에 맞는 내용들을 나의 실제 경험과 투자 노하우를 통해 설명했고, 출간되기가 무섭게 베스트셀러에 올랐다. 그리고 나는 기존의 재테크 전문가들과 달리 '엄마 재테크 전문가'라는 브랜드를 내 것으로 만들 수 있었다.

내가 이런 이야기를 한 것은 내 자랑을 하고 싶어서가 아니다. 나 역시 부족했기에 여기까지 올 수 있었다는 것을 당신에게 알려주고 싶어서이다. 그리고 부족하지만 내가 경험한 원칙을 공유함으로써 당신이 꼭 퍼스널 브랜딩을 구축할 용기를 내었으면 좋겠다는 큰 바람을 갖고 있기 때문이다.

독자층의 고충과 고민을 공감하고 그들이 원하는 바를 정확히 짚어 손쉬운 솔루션을 제공한다면, 누구든 성공의 가능성이 있다.

이처럼 사업이 됐건 콘텐츠 제공자가 됐건, 뭔가를 시도하려 한다면 나의 고객부터 명확히 파악하고 그들이 원하는 바가 무엇인지, 기존의 시장에서 이를 해결해주지 못하고 있는 이유는 무엇인지, 내가 해결할 수 있는 건 무엇인지 등을 파악해야 한다. 만약 내가 그 솔루션을 제공할 수 있다는 생각이 든다면 그때부터는 '어떻게 해결할 것인가'가 중요하다.

스스로 플랫폼이 되어라

지금까지 우리는 일상에 가려져 있었던 나의 강점을 발견하고, 이를 수입으로 연결시켜 사업화한 후, 스토리텔링을 통해 자신만의 브랜드를 만들고 완성해가는 과정에 대해 이야기했다. 여기까지만 충실히 실행해도 이전과는 전혀 다른 삶이 펼쳐질 것이다.

그렇다면 여기서 정말 끝일까? 물론 여기까지 오는 것도 정말 힘들 뿐더러 이 과정을 성공적으로 밟았다면 앞으로 무엇을 하든 예전보다 훨씬 더 자신 있게 도전할 수 있을 것이다. 거기에 나는 한 가지를 더 강조하고 싶다. 분명 여기까지 잘 왔다면 사업의 확장을 심각하게 고민하는 때가 오기 때문이다.

나는 이런 분들에게 스스로 플랫폼platform이 되어 사업을 확장하라고 조언하곤 한다. 이유는 간단하다. 플랫폼이야말로 나의 퍼스널 브랜딩을 확장시키는 강력한 도구이기 때문이다.

그렇다면 플랫폼은 무엇일까? 보통 플랫폼은 재화나 서비스의 제공자와 고객이 만나는 물리적, 비물리적 공간 또는 이들을 연결하는 사람이나 단체, 서비스 등을 의미한다. 그러나 '스스로 플랫폼화하라'는 말은 타인과 타인, 타인과 서비스를 연결하는 것은 물론 나 자신의 일들을 서로 연결하라는 의미도 포함된다. 내가 말하는 플랫폼은 후자에 더 가깝다. 즉, 책의 저자가 됨으로써 강연자가 될 수도 있고, 유튜브 방송을 통해 소개한 콘텐츠를 책으로 엮어 출간할 수도 있으며, 웹이나 앱으로 연재하던 글을 웹툰으로 만들 수도 있다. 이런 '원 소스 멀티 유즈'one source multi use도 나 자신을 플랫폼화한 하나의 사례다.

또한 이런 장을 만들게 되면 그곳에 많은 사람이 모이면서 그들 간의 융합 콘텐츠가 탄생할 수 있다. 유튜브 영상을 보면 다른 유튜버를 초대해 인터뷰를 하기도 하고, 전문가를 초청해서 조언을 구하는 등 다른 사람들과 함께 콘텐츠를 생산하면서 구독자 층을 확장하기도 한다. 또한 강연을 기획하고 그에 맞는 전문가들을 섭외해서 콜라보 세미나를 개최한 후 이 내용을 또 책으로 출판하는 경우도 있다. 이로써 나 자신이 갖고 있는 콘텐츠의 한계를 극복하고 융합을 통해 훨씬 더 풍부하고 창의적인 콘텐츠로 확장하는 것이다.

정리하면 스스로 플랫폼이 된다는 건 플랫폼을 활용함과 동시에 자신이 사람과 사람을 연결하고 콘텐츠와 콘텐츠를 연결하는 플랫폼이 되는 것을 의미한다. 이처럼 플랫폼화에 성공하면 자신만의 사업을 확장해나가는 것이 가능해진다. 강점 발견과 개발, 수익화를 거쳐 이를 책, 웹진, 오디오, 영상, 강연 등으로 생산 및 재생산하면 나의 활동 범위는 훨씬 확장된다. 뿐만 아니라 이런 여러 가지 활동을 하다 보면 나를 중심으로 수많은 사람들이 모인다. 그리고 당연한 말이지만 사람이 모이면 생각지도 못했던 새로운 기회들이 열린다.

적어도 지금 당장 그리고 가까운 미래까지는 이렇게 플랫폼을 갖추는 게 가장 강력한 아바타 소득 시스템이 되어줄 것이다. 아바타 소득 시스템의 기본은 '경쟁력 있는 강점, 이를 통한 수익화 경험과 노하우, 자신만의 브랜드 확보'라 할 수 있다. 하지만 시스템이 제대로 자리를 잡고 오랫동안 유지되려면 그 이상의 뭔가가 필요하다. 그게 바로 스토리텔링을 통한 나만의 브랜드 강화, 콘텐츠 생산자로서의 역할, 정확한 솔루션을 제공할 수 있는 노하우 그리고 이 모든 것을 아우르고 활용하는 플랫폼화다.

강점 재테크의 완성, 플랫폼화

첫 번째 닷컴 열풍이 불 때, 컴퓨터학을 전공한 제프 베조스 Jeff Bezos 는 시애틀에 온라인 가게를 하나 내고 '아마존'이라고 명명했다. 당시 인터넷 기술은 제한적이었고 온라인 구매는 활발하지 못했는데, 그때 베조스는 자신의 온라인 가게에서 거래할 상품으로 '책'을 선택해 사업을 시작했다.

오프라인 서점과 달리, 온라인상에서 책을 판매하는 일은 매대, 직원, 시설 등의 비용이 들지 않는다. 베조스는 이후 판매 상품을 CD, DVD 등으로 확대한다. 다들 알겠지만 지금은 세상 모든 상품을 아마존에서 구할 수 있다고 할 수 있을 정도로 다양한 상품이 거래된다. 세계 최대 전자상거래 '플랫폼'은 이렇게 시작되었다.

아마존은 매장, 재고관리, 판매 직원 등에 관한 비용을 들이지 않고도 세계 최대 규모의 '장터'를 보유하고 있다. 2017년 11월과 12월 연휴 시즌에 발생한 전자상거래 매출의 무려 38퍼센트를 차지할 정도로 아마존은 그야말로 세계적으로 가장 강력한 영향력을 지닌 기업이 되었다.

책 막바지에 플랫폼화에 대해 이토록 강조하는 이유가 있다. 요즘 많은 사람들은 음식을 배달시켜 먹을 때 앱을 이용한다. 택시를 탈 때도, 물건을 살 때도 마찬가지다. 이처럼 우리는 거대한 플랫폼 안에 살고 있다고 할 수 있다. 그렇기 때문에 플랫폼에 대해 정확히 인식하고 있어야 플랫폼으로 인한 변화에 대응할 수 있게 된다. 미래를 준비할 수 있고 새로운 기회를 찾을 수 있다.

예전에는 거대한 자금력이 있어야 무엇인가 작게라도 사업을 시작할 수 있다고 생각했다. 그러나 플랫폼의 시대에는 시간과 공간, 자금에 대한 제약 조건에서 벗어나 사업의 꿈을 이룰 수 있다. 육아와 살림으로 사업의 장애물이 많은 엄마들에게는 이것이 기회다. 그러니 기회를 잘 살릴 수 있는 안목이 필요하다.

얼마 전 오랜 친구를 만났다.

"지영아, 나 이 귀걸이 얼마에 샀게?"

만나자마자 친구가 나에게 물어봤다. 진주 귀걸이로 꽤 예뻤다.

"글쎄, 좀 비싸 보이는데, 얼마에 샀어? 한 20만 원?"

그러자 친구가 자랑스럽게 말했다.

"요즘 중고거래 앱 ○○이라고 있어. 나 거기서 2만 원에 샀다!"

나는 깜짝 놀랐다. 가격에도 놀랐지만 친구가 보여준 앱 안에서 거래되는 엄청난 물품의 리스트에 더 놀랐다. 그것도 자신의 거주 지역에서 가까운 거리에 있는 상품들만 따로 분류해 보는 등 다양한 검색 기능도 마련되어 있었다.

과거에는 중고 물품을 사거나 팔 때, 오프라인 매장으로 가야 했다. 그러나 이제는 앱으로 순식간에 거래를 요청할 수 있다. 심지어 알람 기능을 설정해 내가 찾는 물품 소식을 빠르게 받을 수도 있다.

아이러니하게도 얼마 전 논현동 거리를 지나가다가 중고 가전제품 가게를 우연히 보게 되었다. 먼지 묻은 물품들이 가득 쌓여 있는 가게 안에는 나이가 지긋하신 할아버지가 무료한 표정으로 앉아있을 뿐 매장을 구경하는 손님도, 가게에 눈길을 주는 행인도 없었다. 안타깝게도 세상은 이처럼 빠른 속도로 변하고 있다.

플랫폼을 이해하지 못한다면 우리의 퍼스널 브랜딩 역시 한계가 있을 수밖에 없다. 경제적 자유를 위한 아바타 소득 시스템을 위해서는 플랫폼을 반드시 고려해야 한다.

'플랫폼'을 어떻게 구축하고 활용할 수 있을까

플랫폼화라고 해서 너무 거대하고 어렵기만 한 이야기는 아니다. 사실 플랫폼 비즈니스의 성공 요인은 불편을 줄여주는 '단순화'에서 왔다고 볼 수 있다. 앞서 설명한 중고 거래가 좋은 예가 될 것이다. 예전에는 직접 가서 물건을 보고 거래해야 했지만, 지금은 '직접 가는 과정' 없이도 가능하다.

당신이 살면서 불편하게 느꼈던 무언가가 있다면 그것이 플랫폼화의 가장 큰 힌트가 될 수 있다. 이것이 개인의 강점과 결합된다면 엄청난 시너지를 낼 수 있다.

플랫폼을 구축하는 것 외에도 존재하는 플랫폼을 잘 이용하는 것도 소득 시스템을 만드는 데 중요한 고려사항이다. 유튜브와 인스타그램, 페이스북 등 이런 SNS 채널을 잘 활용하는 것은 특히 퍼스널 브랜딩에서 크게 영향을 미친다.

최근 가장 인기 있는 플랫폼인 유튜브는 특히, 자신이 갖고 있는 고유의 콘텐츠를 게시하여 그에 호응하는 구독자를 만들 수 있다는 점에서 브랜딩을 확고히 할 수 있고 광고 수입과 같은 추가적인 소득까지 연결할 수 있다는 점에서 유용하다.

　이런 SNS 채널을 잘 활용해 일정 수준의 팬을 확보한다면 나아가 새로운 플랫폼을 만들 수도 있다. 같은 콘텐츠에 호응하는 사람들이라면 비슷한 니즈를 갖고 있을 가능성이 크다. 그러니 그들의 비슷한 니즈를 충족시킬 수 있는 지식과 정보, 상품을 거래할 수 있는 새로운 장을 열어 또 다른 플랫폼을 구축할 수 있다.

　물론 이런 플랫폼 활용 이전에 '경쟁력 있는 나만의 콘텐츠'가 먼저 구축되어야 한다. 앞서 이야기한 것처럼 나의 경험을 바탕으로 사람들이 조금 더 쉽게 적용할 수 있는 솔루션을 제공하고, 흥미와 감동을 주는 스토리텔링이 더해진 콘텐츠가 필요하다. 부디 이를 꼭 기억하고 실행하길 바란다.

　나 역시 개인적으로 플랫폼화의 과정의 일환으로 방송과 책을 통해 '엄마 경제 전문가'라는 퍼스널 브랜드를 만든 후, 유튜브 채널 '이지영 TV 뉴리치 부자학'을 운영하고 있다. 개인 방송 채널이기에 내게는 그 어떤 채널보다 편안하게 느껴지는 공간이다. 꾸준히 개발시켜 재테크에 대한 정보를 가장 쉽게 전달하는, 나아가 대한민국 엄마들의 삶이 경제적으로 자유로워지는 데 도움이 되는 가장 유용한 채널로 키워가고 싶다.

　당신이 이 책을 읽고 그 첫걸음을 내디딘다면 나로서는 더 바랄 게 없다. 그게 바로 내가 이 책을 쓴 이유이기 때문이다. 대한민국 모든 엄마가 자신의 강점을 발견하고 개발해 자존감을 회복하고 경제적 자유를 누릴 수 있기를, 궁극적으로 가족과 함께 행복한 삶을 영위하기를 진심으로 응원한다.

자신만의 콘텐츠로 1인 브랜딩에
성공한 엄마들

엄마들은 무엇을 하든 시간, 공간, 자금의 제약을 크게 받는다. 나가서 일을 시작하고 싶어도 아이들이 학교에서 돌아오는 시간, 아이들을 돌보는 시간 때문에 자유롭게 시간을 활용하기 힘들다. 돈 역시 교육비와 생활비로 쓰다 보면 나를 위해 쓸 수 있는 돈은 거의 없다. 공간은 어떤가? 아이가 태어나는 순간부터 집 안은 온통 아이 용품으로 가득 찬다. 이런 제약 속에서 무엇을 할 수 있을지 고민할 때 유튜브는 하나의 대안이 되어줄 수 있다. 유튜브는 내가 촬영하고 싶은 시간에 어디서나 간단하게 촬영이 가능하기 때문이다.

　나 역시 아이들이 학교에 가고 없는 낮에 주로 촬영을 한다. 내가 아는 초보 엄마는 아이가 곤히 낮잠을 자고 있는 오후 2시에 촬영을 하기도 하고 새벽에 일어나서 촬영을 하기도 한다. 그래서 엄마 유튜버들은 조곤조곤 조용히 말하는 경향이 있는데, 오히려 그런 음성 덕분에 마음이 더 안정되곤 한다.

자금 면에서도 특별히 큰 초기 자금이 필요하지 않다. 엄마들이 작은 옷 가게라도 시작하려면 임대료부터 큰 자금이 필요하다. 그러나 유튜브 같은 경우는 스마트폰으로도 충분히 촬영이 가능하다. 조명도 온라인을 통해 쉽게 구할 수 있다. 따로 스튜디오를 마련하지 않아도 '배경막'을 세우면 충분히 깔끔한 영상을 만들 수 있다. 심지어 배경막 없이 방송을 진행하는 분들도 있다. 이와 같은 유연함 때문에 브랜딩을 할 때 유튜브는 매우 효과적인 수단이다.

물론 브랜딩을 위한 채널에는 유튜브 외에도 블로그, 인스타그램, 페이스북, 책, 강연 등이 있다. 나도 블로그를 하고 있는데 간혹 블로그에 긴 사연을 담은 비밀 댓글이 달리기도 한다. 그렇지만 댓글을 통해 소통하는 것은 한계가 있을 수밖에 없다. 반면 유튜브 방송은 실시간 방송이 언제든 가능하기 때문에 구독자들이 궁금해하는 부분을 함께 이야기할 수 있다. 나도 최근에 유튜브 방송을 했는데 무엇보다도 실시간으로 궁금한 점에 대해 이야기를 나눌 수 있어서 서로 만족도가 매우 컸다. 앞으로도 꾸준히 유튜브 채널을 통해서 독자들과 교감하고 공감대를 형성하고 이야기를 나누고 싶은 것이 나의 소망이다.

유튜브의 또 다른 장점 중 하나는 앞서 말했듯이 다른 유튜버와의 콜라보가 가능하다는 것이다. 블로그의 경우 함께 무엇을 한다는 것이 쉽지 않다. 그러나 유튜브는 방송 특성상 함께 만나서 이야기를 나누며 시너지를 높일 수 있다.

마지막으로, 유튜브는 투자 대비 수익률이 높다. 유튜브의 1차 수입은 유튜브 채널 광고를 통한 수입이다. 유튜브는 채널의 구독자가 1,000명이고 총 시청 시간이 4,000시간에 도달하면 애드센스Adsense 등록 신청이 가능하다. 그리고 1차적인 수입 외에도 추가 수입이 있을 수 있다. 예를 들어 뷰티 유튜버는 제품 홍보에 대한 제휴와 광고 등을 통한 수입과 더불어 출판사로부터 제안을 받아 책을 출간하며 얻는 인세 수입이 있을 수 있다. 뿐만 아니라 유튜브 채널이 활성화되면 강의 의뢰도 늘어난다.

강연자를 섭외하는 분들의 입장에서 생각해보자. 책이나 추천보다 영상으로 강연자를 봤을 때 가장 확실하게 믿을 수 있지 않을까? 내가 〈아침마당〉에 출연하게 된 것 역시 강연 영상을 통해 섭외가 들어왔기 때문이었다. 또 KBS, MBC 등 다른 방송 촬영 역시 유튜브 채널을 통해 연결된 것이었다.

그래서 퍼스널 브랜딩의 방법에는 여러 가지가 있지만 엄마들에게는 특히 유튜브를 강력히 권하고 싶다. 이미 '엄마 유튜버'로서 성공을 거둔 1인 크리에이터 분들이 많이 있는데 그중 대표적인 몇몇 분들을 소개하도록 하겠다.

유튜브 대학 김미경TV

《꿈이 있는 아내는 늙지 않는다》, 《엄마의 자존감 공부》 등의 베스트셀러 저자이자 엄마들의 멘토인 김미경 원장님의 '김미경TV'는 구독자 69만 명(2019년 6월 기준)을 보유하고 있다. 김미경TV는 다양한 콘텐츠를 통해서 여성의 꿈과 미래를 응원하고 위로와 용기를 주는 채널이다. 여러 가지 주제의 영상이 매일 업로드 되는데, '언니의 따끈따끈 독설', '김미경의 북드라마', '인간관계 대화법', '드림머니', '네 자매 의상실', '김미경의 따독쇼' 등 엄마들이 관심 갖는 주제를 폭넓게 다루고 있다.

인기 영상 중 하나인 '대화할 때 이것만은 제발 하지 마세요'라는 영상은 조회 수가 무려 200만 회를 넘었다. '은근히 나를 싫어하는 사람 상대하는 법'이라는 영상 역시 170만 회를 상회하고 있다.

이 채널의 가장 큰 특징이자 강점은 바로 여성들이 관심 있고 고민하고 있는 문제들을 마치 친언니처럼 진솔하고도 유머러스하게 풀어낸다는 데 있다. 다소 어렵고 진지한 주제도 김미경 원장님 특유의 매력을 거치면 쉽게 접근할 수 있고 이해하기 쉬워 다양한 연령대의 여성들이 찾는다.

너무나 감사하게도 나는 김미경TV의 따독쇼에 출연할 기회가 있었는데 원장님의 질문 하나하나가 엄마들의 마음을 꿰뚫어보는 듯 날카로우면서도, 쉽게 공감하고 이해할 수 있도록 따뜻하고 부드럽게 진행하서서 감탄을 금치 못했다. 무엇보다 최근 먹방, 가십거리, 유머 등 가벼운 소재들이 인기를 끌고 있는 유튜브 시장에서 여성을 위한 양질의 교육 콘텐츠를 제공하는 것으로 차별화해 인기를 끌고 있는 것이 정말 대단한 것 같다.

다양한 강점을 극대화해 이 채널은 강력한 브랜드 파워를 보여주는 대표적인 사례라 볼 수 있다. 엄마 유튜버 사례로도 훌륭하지만, 꾸준한 자기계발과 성장을 원하는 사람들이라면 이 채널에 꼭 한 번 방문해보길 바란다.

엄마 유튜버 사례 2
토깽이네 상상 놀이터

'토깽이네 상상놀이터'라는 키즈 유튜브 채널을 운영하는 최윤미 님은 살림과 육아로 바쁜 평범한 주부였다. 그녀는 유튜브를 보는 아이들을 통해 자연스럽게 유튜브를 접하게 된 엄마다. 그녀의 아이들은 유명해져서 인기 있는 유튜브 크리에이터를 만나고 싶다고 자주 말했는데, 그 말 한마디에 그녀 역시 유튜브에 무작정 뛰어들게 되었다고 했다. 어릴 때부터 방송 일에 관심이 많기도 했고 아이들과 함께할 수 있다는 생각에 유튜브를 시작하기로 마음먹었다.

현재 그녀의 채널 구독자 수는 57만 명(2019년 6월 기준)에 달한다.

이 채널의 특징이자 강점은 바로 꾸밈없는 자연스러움이다. 애초에 그녀가 그저 추억을 쌓는다는 생각으로 아이들과 노는 일상을 그대로 찍어 올린 것이 이 채널의 강력한 인기 요인이 되었다. '토깽이네 상상놀이터'를 보면 매일 반복되는 것처럼 느껴지는 육아가 인생에서 소중한 하루하루임을 느끼게 해준다고 엄마들이 많다. 그런 맥락에서 '처음 타본 워터파크 슬라이드' 영상은 조회 수 418만 회, '김치는 싫어!'는 290만 회를 기록하고 있다. 친근한 소재와 따뜻하고 화목한 느낌의 영상은 보는 사람으로 하여금 흐뭇한 미소를 짓게 한다.

엄마 유튜버 사례 3

엄마들에게 최적화된 뷰티 채널 '뽀따TV'

뽀따TV는 뷰티 채널이다. 사실 나는 뷰티 관련 유튜브 채널에 크게 관심이 없었다. 화장에 워낙 소질이 없어 지레 포기했던 것 같다. 그런데 뽀따TV는 그런 나를 완전히 사로잡았다.

보통 뷰티 채널은 20대 미혼 여성을 타깃으로 하는데, 이 뽀따TV는 엄마들을 타깃으로 했다는 게 가장 큰 특징이다. 실제로 뽀따TV는 40~50대 여성들에게 큰 인기를 끌었다. 예를 들면 '4050에 어울리는 헤어스타일 다섯 가지'를 소개한 영상은 조회 수 205만 회 이상(2019년 6월 기준)을 기록했다. '피부 노화 막는 4050대 클렌징'이라는 영상은 조회 수 30만 회 이상을 기록했다.

그 자신이 50대 여성인 뽀따 님은 유튜버가 되기 전에 옷 가게를 운영하다 쉬고 있었다고 한다. 그러나 이제는 어엿한 뷰티 전문가로서 뽀따TV라는 브랜드를 통해 공중파 TV 프로그램에 출연하기도 했다. 뷰티 크리에이터라고 해서 반드시 젊은 여성이어야 한다는 법은 없다.

뽀따TV는 레드오션이라고 할 수 있는 뷰티 유튜브 시장의 틈새를 잘 파고들었다. 그러다 보니 차별화 지점이 명확하다. 예를 들면 고가의 화장품보다 쉽게 구할 수 있는 중저가 화장품 중에서도 질이 괜찮은 상품을 소개한다. 바쁜 엄마들이 쉽게 온오프라인 매장에서 구할 수 있는 상품들을 중심으로 소개하는 것이다. 이는 엄마들의 라이프스타일과 니즈를 잘 파악한 접근이다. '백만 원짜리 피부샵 관리를 집에서?'라는 제목의 영상 역시 생활비와 교육비 등으로 등골이 휘는 일상에서 피부샵은 사치에 가깝게 여기는 엄마들의 마음을 잘 공략했다.

엄마 유튜버 사례 4

엄마들의 자기계발 채널
'작가 김새해의 사랑 한 스푼'

《내가 상상하면 꿈이 현실이 된다》라는 책의 저자 김새해 님은 16만 명(2019년 6월 기준)의 구독자를 보유하고 있는 파워 유튜버로, 자신의 유튜브 채널을 통해 치유와 부에 대한 명상과 책을 소개한다.

　김새해 님과 인터뷰를 하면서 느낀 점은 바로 이 책에서 수없이 강조한 '엄마의 강점'이었다. 아이들을 키우다 보면 '아이가 왜 밥을 안 먹지?', '아이가 왜 표정이 안 좋지?' 등 끊임없이 아이의 행동과 마음에 관심을 갖게 된다. 그러다 보면 아이가 아니더라도 내 앞에 있는 상대의 의도를 간파하거나 상대의 마음에 공감하는 역량이 점점 커질 수밖에 없다. 그래서 그런지 그녀는 따뜻한 음성으로 긴장했던 내 마음을 다 누그러뜨렸고, 너무나 자연스럽게 나의 답변을 끌어냈다. 내 마음을 이미 잘 간파하고 그에 맞게 대응해주어 인터뷰하는 내내 굉장히 편안하게 있을 수 있었다.

　또 하나의 차별점은 영상의 길이다. 요즘 사람들은 짧은 영상을 좋아해서 10분도 길다는 말을 수없이 들었는데, 김새해 님의 채널을 보면 꼭 그렇지 않다는 것을 알 수 있다.

　게다가 그녀의 영상은 오랜 시간 특유의 따뜻한 음성으로 마치 대화를 나누듯 마치 학창 시절에 듣던 라디오 프로그램을 떠올리게 한다. 그러다 보니 잠들기 전에 누워서 이 채널을 듣는 분들이 많다고 한다. 이처럼 자신만의 스타일이 오히려 강점이 되어 더 큰 매력으로 사람들에게 다가가는 경우가 많다.

자기계발 및 동기 부여 채널, 김수영TV

김수영TV는《멈추지 마, 다시 꿈부터 써봐》,《마음 스파》를 쓴 김수영 작가가 운영하고 있는 유튜브 채널이다. 유튜브를 통해서 그녀는 자기 계발, 동기 부여, 커리어 등에 대한 여러 가지 이야기를 나누고 있다. 작가, 강연가, 콘텐츠 제작자, 여행가 등으로서 접한 다양한 인생 경험을 통해 얻은 깊이 있는 통찰, 생생한 조언을 제공하는 면이 돋보이는 채널이다.

'애 키우면서 돈 버는 비결'이라는 영상에서는 워킹맘의 애착 육아 와 전업맘의 자기계발에 관한 작가 자신의 경험과 생각을 다양한 관점 에서 풀어내 많은 사람들의 호응을 얻고 있다. 엄마가 되고 나서도 끊 임없이 꿈을 추구하고 이루어 나가는 작가의 모습이 영상 곳곳에 오롯 이 드러나 구독자에게 많은 영감을 준다.

또한 '엄마 유튜브를 보는 7개월 반 아기'라는 영상을 보면 작가의 아이 모습이 나오는데, 엄마들에게 아이와 함께하는 일상이 하나하나 소중한 콘텐츠가 될 수 있다는 깨달음을 준다. 그저 스쳐 지나갈 수 있 는 시간도 영상으로 남기면 그 순간의 아이 표정, 반응뿐 아니라 함께 하는 감정까지 느낄 수 있는 기록이 되는 것 같아 개인적으로 마음에 많이 와 닿았다.

작가는 아이를 임신했을 때에도 '임신하면 누리는 3가지 혜택', '행복한 임신, 출산, 육아를 위한 마법의 주문 ASMR' 등 다양한 콘텐츠를 만들었는데, 엄마로서 경험하는 임신, 출산, 육아 등의 모든 일상이 소중한 콘텐츠가 되고 나를 성장시키는 단계가 된다는 것을 깨닫게 해준다.

나 역시 유튜브를 처음 시작할 때 낯설고 두려움이 많았다. 아직도 여전히 미숙한 부분이 많다. 그렇지만, 구독자 분들의 피드백으로 하나씩 보완해나가고, 격려에 힘과 용기를 얻고 있다. 처음 시작이 가장 어렵다는 말은 유튜브에 가장 잘 적용되는 말이 아닐까 싶다. 그러니 이 책을 읽고 있는 당신도 용기를 냈으면 좋겠다. 엄마가 되고 나서 경험하는 모든 것들은 당신 안에 잠든 보석과 같기 때문이다. 앞으로 독자분들과 더 많은 이야기를 나누고 꿈을 키워가고 싶은 소망을 담아서 내가 운영하는 유튜브를 소개한다.

엄마 유튜버 사례 6

이지영TV 뉴리치 부자학

《엄마의 돈 공부》,《엄마의 첫 부동산 공부》등의 경제경영서 저자이자 EBS '호모이코노미쿠스 시즌2' 재무 멘토로 활동하는 내가 운영하는 채널이다. '지영쌤의 리얼 돈공부'와 '리얼 북클럽' 카테고리를 통해서 재테크, 투자, 자기계발에 대한 정보를 공유한다.

인기 영상 중 하나인 '재테크를 위한 필수 통장 3가지'는 김미경TV 리얼 돈동부 코너에서 방영되었으며, 조회 수 39만 회를 기록했다. 또한 이지영TV '돈을 빠르게 불리는 방법'은 조회 수 10만 이상을 기록했으며, '돈 없을 때 현실적인 재테크 3가지'는 7만 회를 기록하고 있다. 경제적 자유를 꿈꾸는 엄마들을 위해서 나는 금융에 대한 실질적인 지식과 재테크 마인드를 수립하는데 도움이 되는 정보를 제공하기 위해 꾸준히 노력하고 있다.

부자엄마는 놓치지않고하는
트렌드 공부

모든 사람이 세상에 유일한 나만의 경험과 노하우를 갖고 있음에도 불구하고 이를 다른 사람에게 전달할 수 있는 형태, 즉 콘텐츠로 정리해내는 데 어려움을 호소한다. 우리가 그냥 사적인 자리에서 떠드는 이야기, 개인적으로 쓰는 일기는 콘텐츠의 소재는 될 수 있어도 그 자체를 콘텐츠라고 하기는 어렵다. 콘텐츠는 타인에게 도움이 되어야만 한다. 즉, 전달할 대상이 있어야 하며 그 대상이 원하는 형태로 가공되어야 한다. 이 말은 곧 '팔려야만 한다'는 것을 의미하기도 한다.

도대체 팔리는 콘텐츠는 어떻게 만들 수 있을까? 당연히 수많은 관찰과 공부, 실천이 필요하지만 여기서 내가 살펴보고자 하는 것은 바로 '트렌드 공부'다. 사실 뭔가를 만들어 팔기 위해서는 그 산업의 동향이

나 트렌드를 공부하는 게 너무나 당연함에도 불구하고 현실에서는 이를 간과하는 경우가 상당히 많다.

트렌드 공부는 사실 세상에 대한 관심에서 출발한다. 또 세상에 대한 관심은 결국 강점 개발, 나아가 소득 창출로 이어진다. 세상에 대한 공부를 놓지 말아야만 내 강점을 현실에서 어떻게 활용할지, 앞으로의 사회 변화에 따라 그 강점을 어떻게 더 강화하고 어떤 새로운 강점을 개발할지를 파악할 수 있기 때문이다.

지금은 사회 변화와 트렌드를 파악하지 못하면 사회에서 문제를 일으킬 수도 있는 세상이다. 예를 들어 최근 몇 년간 대한민국에는 페미니즘의 물결이 거셌다. 그간 사회에 만연해 있던 성차별적인 발언과 행동들 또는 알면서도 참아왔던 여성에 대한 차별과 성희롱 등에 대해 여성들은 더 자신의 목소리를 내기 시작했다. 영화 〈델마와 루이스〉의 명대사처럼 "여자가 싫다면 그건 싫다는 거야."라고 당당히 선언할 수 있는 분위기가 된 것이다. 특히 '미투 운동'이 미국에 이어 우리나라를 강타하면서, 2018년은 대한민국 여성들이 그런 불합리함에 더더욱 강력히 맞설 수 있는 원년이 됐다.

그러자 한국 사회에서도 이런 변화를 잘 받아들이지 못한 사람과 기업들이 큰 곤란을 겪기도 했다. 불과 10여 년 전이었다면 크게 문제 삼지 않았을 법한 발언으로 논란이 된 연예인도 많다. 또한 예전이었다면 별다른 지적을 받지 않았을 CF 속 성차별적인 메시지 때문에 불매운동이 일어나 호되게 혼이 나는 기업도 있었다.

트렌드 공부에 앞서 명심할 것

그렇다면 트렌드는 어떻게 알 수 있을까? 많은 엄마들이 맘카페에서 얻은 정보가 트렌드에 부합한다고 착각하곤 한다. 하지만 이것으로는 세상의 변화와 트렌드를 파악하기에 역부족이다. 모든 커뮤니티는 각각의 목적에 맞는 주제에 치우치거나 편중되는 경향이 있다.

사실 트렌드를 파악하는 방법에는 여러 가지가 있다. 책(신간), 신문, 뉴스, 인터넷 기사, 각종 매거진 등에서도 발견할 수 있고 TV나 라디오에서도 파악할 수 있다. 심지어 유행어도 당시의 트렌드를 어느 정도 대변한다. 구찌, 인천공항, 삼성전자, LG전자, 서울시 캠페인의 브랜딩 전략을 맡았던 최장순 크리에이티브 디렉터는 저서《기획자의 습관》에서 '거리'에서도 트렌드를 파악할 수 있다고 말한다. 구두를 사고 싶을 때는 거리에 서서 지나가는 남자들의 발만 보고, 헤어스타일을 바꾸고 싶을 때는 머리만 본다는 것이다. 그런 작업만으로도 최근 유행을 어느 정도 파악할 수 있다고 한다.

내가 추천하는 방법은 전문가들의 강의를 듣고 많은 사람들을 만나는 것이다. 실제로 나는 사람들을 통해 사회적인 변화를 몸으로 느끼고, 앞으로의 변화를 어렴풋이나마 예측하기도 했다. 예를 들어 '소확행'이라는 키워드가 대한민국을 휩쓸기 전에 나는 이런 현상을 몸소 겪었다. 알다시피 소확행은 '작지만 확실한 행복'의 줄임말로, 아무리 열심히 일하고 저축해도 집 하나 장만하는 게 힘든 현실에서 비록 소소하긴 해도 확실하게 행복을 주는 것들에 집중하는 현상을 뜻한다. 비록 수영장과 정원이 딸린 대저택을 사지는 못하더라도 아이를 어린이집에 데려다주고 오는 길에 카페라테 한 잔을 사 들고 오면서 작지만 확실한 행복을 느끼는 것이다.

어찌 보면 내 강의를 수강하는 엄마들의 심리도 이렇게 변해온 것 같다. 내가 강의를 들으러 다니던 시절에는 '부동산 투자로 몇십억 자산을 가진 부자가 되겠다'는 목표를 가진 사람이 많았다. 하지만 언젠가부터 많은 사람들이 '한 달에 딱 50만 원만 더 버는 것'을 목표로 삼는다. 비록 적은 돈이지만 지금의 시대에서는 더 확실하고 현실적으로 느껴지기 때문이다. 그래서 부동산이나 재테크의 목표는 '부자가 되는 것'에서 '지금보다 조금 더 누리고 살 정도의 수입을 올리는 것'으로 바뀌고 있다.

그런데 우리가 트렌드를 공부할 때 명심해야 하는 것이 있다. 중요한 점은 트렌드를 파악하는 것 자체가 아니다. 그렇게 파악한 사회적 변화와 트렌드를 어떻게 나의 강점과 연결하고 어떻게 수익화할 것인지 생각해야 한다.

내 경우, 수강생들의 원하는 바가 조금씩 달라지는 것을 보고 이를 강의 내용에 반영하기 시작했다. 이전에는 강남 한복판에 커다란 빌딩을 보유한 사람이나 수백억 원대 자산가의 사례를 통해 강의를 풀어갔다면, 이후로는 단돈 몇십만 원이라도 꾸준히 소득을 올리는 사람들의 이야기를 위주로 강의 콘텐츠를 만들었다.

사실 나의 두 번째 책《엄마의 첫 부동산 공부》도 그런 변화에 발맞

춘 결과물이라 할 수 있다. 부제인 '내 집 마련부터 꼬마 월세까지'라는 표현에서 알 수 있듯이 좀 더 소소한 수입을 올리는 방법에 초점을 둔 것이다. 이렇게 트렌드를 파악하고 나의 강점과 연결해 수익화한 결과, 책은 베스트셀러가 됐고 강의 및 멘토링에 대한 피드백 역시 꾸준히 좋아지고 있다.

일시적인 유행과 장기적인 트렌드를 구분하라

사회 변화와 트렌드를 파악할 때 주의해야 할 점이 있다. 바로 트렌드와 '유행'을 구분해야 한다는 것이다. 트렌드가 사회적 변화의 추세 또는 그런 추세가 발현되어 나타나는 현상이라면, 유행은 지금 당장 사람들이 취하는 행동 양식이라 할 수 있다. 따라서 전자는 좀 더 장기적이고 후자는 단발성인 경우가 대부분이다. 이 둘을 구분해야 하는 이유는 자칫 낭패를 볼 수도 있기 때문이다.

시기적으로 우후죽순처럼 여기저기 생겨나는 가게들이 있다. 이런 경우 대부분은 일시적인 유행에 불과하다. 예를 들어 불과 20여 년 전만 해도 PC방이 거리에 가득했다. 길을 가다가 오픈 준비를 하느라 인테리어를 하고 있는 곳을 보면 'PC방 생기나?' 하고 생각했을 정도였다. 하지만 이제 PC방은 검색해서 찾지 않으면 잘 보이지 않는다. 앞서 잠깐 언급했던 불닭집도 지금은 찾아보기 어렵다. 당시 많은 분들이 은퇴 자금으로 불닭집을 차렸다가 전 재산을 날리기도 했다.

반면 카페는 벌써 10년 이상 꾸준히 늘어나고 있다. 이제 오픈 준비로 인테리어 공사를 하는 곳을 보면 PC방이 아니라 '카페 생기나?' 하고 생각할 정도다. 이는 커피가 '국민 음료'라는 말을 들을 정도로 한국인의 기호식품 1순위가 되었기 때문이다. 또한 카페가 단순히 커피를 마시는 곳을 넘어 대화의 장이자 사색하는 공간, 공부나 일을 할 수 있는 공간 등으로 인식되면서 일상과 떼려야 뗄 수 없는 장소가 되었기 때문이기도 하다. 함께 이야기를 나눌 공간, 사무실처럼 답답하지 않으면서도 집중해서 공부나 일을 할 만한 공간, 조용하게 책을 읽을 수 있는 공간, 다른 사람 눈치 보지 않고 마음 편히 누군가를 만나거나 혼자 있을 수 있는 공간 등에 대한 수요가 높아졌다.

또 한곳에 몇 시간이고 앉아 함께 홀짝이면서 대화를 나눌 '술 이외의 음료'의 필요성과 더불어 기업 내 워라밸이 중시되면서 간단히 차 한잔하고 헤어지는 회식 문화가 확산되는 등 복합적인 변화가 발현된 결과라 할 수 있다. 그래서 카페는 단순히 유행에 그치지 않고 일종의 사회 현상이자 트렌드가 되었고, 나아가 하나의 문화로 자리매김하고 있다.

이처럼 트렌드는 사람들의 삶의 양식과 특정 계층의 문화, 사회 전반적인 가치관의 변화 등과 함께 나타나는 현상이기 때문에 좀 더 장기적이고 근본적인 변화를 낳는다.

물론 트렌드와 유행을 구분하는 것은 쉽지 않다. 그리고 트렌드라고 해서 무조건 따라야만 하는 것도 아니다. 카페 역시 3년 이상 영업을 이어가는 곳은 50퍼센트가 되지 않는다는 통계 자료도 있으니 말이다. 하지만 단순한 유행은 내가 잘하고 못하고를 떠나서 '잠시 동안' 다 함께 잘되고 '순식간에' 다 같이 망한다. 반면 사회적인 트렌드로 자리 잡은 분야는 그 안에서도 트렌드를 잘 파악하고 준비만 잘한다면 얼마 든지 성공할 수 있다. 잘 되는 카페는 여전히 잘 되고 있고, 새로 생겨나 는 카페 중에도 핫 플레이스로 자리를 잡는 곳도 꾸준히 있는 것처럼 말이다.

이처럼 일시적인 유행과 사회적인 트렌드를 구분하기 위해서라도 꾸준히 사회 변화에 관심을 가져야 한다. 지금 당장 또는 바로 눈앞의 트렌드는 TV나 매거진, 인터넷 커뮤니티만으로도 어느 정도 알 수 있 지만 더 장기적인 사회와 트렌드의 변화는 전문가들이 쓴 책을 통해 공부하는 게 좋다. 11월부터 다음 해 1월까지는 '트렌드'라는 제목만 입력해도 앞으로 1년간의 트렌드를 분석한 책 리스트가 제법 나온다. 그중 어떤 책이 가장 좋은지는 사람들마다 평이 다르지만, 어쨌든 읽어 보는 것만으로도 앞으로의 트렌드를 이해하는 데 도움이 될 것이다.

나아가 좀 더 거시적인 사회적 변화를 다룬 책에도 관심을 가져보 자. 이는 우리 사회뿐 아니라 글로벌 트렌드이기도 하고, 개인의 삶을 넘어 '사회의 대전환', '패러다임의 전환'을 낳을 수 있는 변화이기 때문 이다. 예를 들어 몇 년 전부터 자주 언급되고 있는 4차 산업혁명에 대 해 미리 공부하고 대비해두지 않으면 지금 나의 강점 분야는 불과 몇 년 후 AI(인공지능)가 대체할지도 모른다. 그래서 우리는 더더욱 사회 변화와 트렌드에 관심을 가져야 한다.

특히 관심 있는 분야라면 좀 더 적극적으로 트렌드를 파악해야 한다. 관련 커뮤니티에 가입해 수시로 정보를 접하고 현장에도 자주 나가 봐야 하며, 전문가의 칼럼과 책을 많이 읽어야 한다. 그 분야 종사자들을 최대한 자주 만나고 가장 앞서가는 사람의 노하우를 분석해보는 것도 좋다.

또한 이렇게 공부한 내용들은 그냥 보고 넘기는 게 아니라 반드시 정리해서 장기기억으로 만들어놓자. 가장 좋은 방법은 마음에 드는 노트에 직접 손으로 써가며 기록하고 분류하는 것이지만, 그게 너무 번거롭다면 스마트폰에 메모 앱이나 노트 앱을 다운받아 이용해보자. 내 경우 경제 신문의 헤드라인 및 주요 기사를 꼼꼼히 읽고 스크랩을 해두었던 게 트렌드를 파악할때 큰 도움이 되었다.

이렇게 지금까지 당연하게 여겼던 것들에 좀 더 관심을 기울이고, 이런 흐름 속에서 자신의 강점을 어떻게 수익화할 것인지 끊임없이 고민해야 한다.

지금부터 시작하는
제2의 인생

그동안 많은 엄마들을 만나면서 하나 중요한 사실을 알게 되었다. 엄마들이 생각하는 돈의 문제가 사실 자존감의 문제라는 것이다. 그렇다면 이렇게 무너진 자존감을 회복하기 위해 무엇을 어떻게 해야 할까? 그때부터 수없이 많은 엄마들을 관찰하며 그들의 강점을 발견하기 위해 노력했다. 그러면서 두 가지 진실을 깨달았다. 하나는 누구에게나 강점이 있다는 사실, 다른 하나는 스스로 강점이라고 믿어야만 그 강점이 진짜 힘을 발휘한다는 사실이다. 그렇다면 나의 타고난 강점을 발휘하려면 어떻게 해야 할까?

첫째, 나 자신을 관찰한다.

둘째, 나 자신의 트레이너가 된다.

셋째, 나 자신에게 보상을 해준다.

나는 나 자신을 관찰했다. 내가 행복감을 느끼는 그 '순간'을 놓치지 않았다. 작가가 된 것도 그랬다. 글을 쓰고 있을 때면 내 마음은 한없이 평온해졌다. 마치 어린 시절 고향을 찾아가듯 그 순간만큼은 마음에 평화가 찾아왔다. 책을 쓰는 시간은 내가 나를 만나러 가는 시간이었다. 그렇게 나의 글쓰기는 나의 감정을 관찰하면서부터 시작되었다.

또한 나는 나 자신의 트레이너가 되었다. 보상과 관찰 후에는 꼭 셀프 트레이닝을 했다. 돈에 대해 공부했을 때도 내가 나의 트레이너가 되고자 했다. 없는 시간과 돈을 쪼개가며 무료 강의부터 시작해 3만 원 강의, 30만 원 프로그램, 100만 원의 자기계발 프로그램, 800만 원의 부동산 대학원 과정까지 배움에 대한 투자를 오랜 기간 이어갔다.

그저 나를 채찍질하는 트레이닝만 계속했다면 이걸 지금까지 지속하지 못했을 것이다. 나는 아주 작은 목표라도 성취에 도달하면 그때마다 나에게 작은 선물을 했다. 예를 들면 가장 좋아하는 향의 디퓨저나 향초를 사는 식이었다. 나만을 위한 행복한 보상으로 '관찰-트레이너-보상'의 패턴을 지속했다.

엄마의 강점 발견은 아이의 강점 발견으로 이어진다

내가 작가가 되자 우리 집 아이들은 책 쓰기에 엄청난 관심을 갖게 되었다. 어느 날 원고를 쓰기 전에 초등학생인 아이들에게 노트북을 내주면서 물어봤다.

"진성아, 너도 책 써볼래?"

그러자 첫째가 '진성이의 책'이라는 제목으로 글을 쓰기 시작했다. 내용은 비밀이라며 필사적으로 가려가면서 꿋꿋이 써 내려가는 모습이 신기했다. 둘째도 서성거리기에 "민성아, 너는 한번 필사해볼래?"라고 물었더니 "필사가 뭔데?" 하며 호기심을 보였다. 필사가 뭔지 설명해주자 민성이는 요즘 유행하는 '엉덩이 탐정' 이야기를 따라 적기 시작했다. 이렇게 엄마가 자신만의 이야기를 써나가는 모습을 옆에서 바라보면서 아이들 역시 자연스럽게 자신의 이야기를 쓰고 싶다는 꿈을 꾸고 있었다.

엄마는 누구보다 아이의 행복을 바라는 사람이다. 만약 아이의 행복을 바란다면 나 자신의 행복부터 생각해보자. 사람은 나 자신의 모습으로 살아갈 수 있을 때 가장 큰 행복을 느낀다. 그런 의미에서 엄마의 강점 개발은 비단 엄마 자신만을 위한 것이 아니다. 엄마가 자신의 강점을 찾아가는 과정에서 아이들도 영향을 받는다. 아이뿐 아니라 배우자, 다른 가족들에게도 영향을 미친다. 또 나와 관계를 맺고 있는 다른 엄마에게도 영향을 미치고, 그 엄마의 아이들 역시 영향을 받을 수 있다. 이처럼 한 사람의 강점 개발이 시작되면 다른 사람에게도 영향을 미치면서 행복 에너지가 확산되고 전파된다.

그러니 부디 포기하지 말고, 지금 이 자리에서 혁명을 일으켜보자. 당신이 어디에 있건 몇 살이건 절대 희망을 버리지 말자. 50세에 유튜브를 시작해 엄청난 수입을 올리고 있는 분도 있고, 60대에 책을 쓰고 상담 과정을 진행하고 있는 분도 있다. 당신이 몇 살인지, 어디에 있는지는 중요하지 않다. 지금 당신이 있는 그 장소에서 당신이 가장 편안한 모습으로 시작하라.

2016년, 아름다운 벚꽃이 피어나던 봄날, 나는 내 삶의 새로운 도전을 시작했다. 10년 동안의 은행 재직 경험과 투자 지식을 담아서 첫 책 《엄마의 돈 공부》를 출간한 것이다. 난생처음 두근거리는 마음으로, 밤중에 아이들을 재우고는 방문을 조용히 열고 나와서 적어 내려갔던 나의 첫 책을 드디어 품에 안았을 때, 너무나 기쁘고 행복했다. 그리고 그 이후에 저자로서의 나의 삶은 시작되었고 마법이 일어났다.

육아와 살림에 지쳤던 평범한 주부였던 나의 책은 예상과 다르게 입소문을 통해서 인기를 끌었다. '선생님 책을 읽으면서 처음으로 재테크에 눈을 떴어요', '월세를 전전하다가 작지만 소중한 내 집을 마련했어요'라면서 경제적 독립을 위한 첫걸음을 내딛은 독자들이 있었고,

강원도에서 서울까지 첫차를 타고 저자 강연회에 오셨던 분은 '엄마가 되고 힘들었는데, 용기를 주셔서 감사해요. 밤새 울었어요'라며 울먹이기도 하셨다. 이후, 전국에서 수천 명을 대상으로 강연을 하게 되었다.

이어서 네 권의 책이 출간되었다. 너무나 감사하게도 많은 분들의 사랑을 받았고, 이 중에서《엄마의 돈 공부》와《엄마의 첫 부동산 공부》는 온라인 서점 Yes24, 경제경영 분야에서 나란히 1위를 기록했다.

본격적으로 EBS '호모이코노미쿠스 시즌2', MBS TV특강, KBS 뉴스 재테크 전문가 등으로 방송 출연을 하고 현장에서 강연을 진행했다. 현재는 유튜브 채널 '이지영TV 뉴리치 부자학'을 운영하고 있다.

2019년, 초여름의 길목에서 나는 새로운 시작의 기운을 느끼고 있다. 이제 나는 다섯 번째 책 출간을 준비하고 있다. 감사의 말을 적으려는 이 순간, 내 가슴 속에 떠오르는 수많은 분들이 내 가슴을 다시 두근거리게 한다.

연남동의 고즈넉한 대표님 사무실에서 미혼모 코칭을 할 때, 지방 강연에서 돌아오셨음에도 불구하고, "아이고, 지영이 왔구나!" 하면서 환한 미소로 따뜻하게 맞아주시고 조언해 주시고 늘 아낌없는 응원을 보내주신 나의 인생 멘토 김미경 원장님께 진심으로 깊은 감사의 말씀을 드린다. 김미경TV 서유상 본부장님께도 깊은 감사의 말씀을 전한다. 뛰어난 기획력과 따뜻한 마음으로 늘 곁에서 도움을 주셨다. 꼼꼼한 모니터링과 세심한 조언으로 든든한 힘이 되어 주시는 이윤미 팀장님, 깊이 있는 철학과 조언을 아끼지 않고 주신 신기율 대표님께도 깊은 감사의 말씀을 전한다.

'이진아콘텐츠'컬렉션을 운영하고 있는 이진아 대표님께도 깊은 감사의 말씀을 드린다. 뛰어난 감각과 추진력으로 다섯 번째 책 집필을 이끌어주셨다. 첫 책 작업을 함께 한 이후, 인생의 소중한 벗이 되어주고 도움을 주는 변민아 대표님과 전문 지식으로 상세한 도움을 주신 노준승 대표님께도 감사의 말씀을 전하고 싶다.

한양대학교 김재필 교수님께도 깊은 감사의 말씀을 드린다. 언제나 변함없는 응원과 아낌없는 도움을 주시는 박범영 텐인텐 대표님, 오은석 북극성 대표님, 이현정 즐거운 컴퍼니 대표님께 감사 인사를 전하고 싶다. 삶의 지혜를 깨닫게 해주시는 성균관대 김유미 교수님께도 감사드린다.

책 출간 과정에서 소중한 인연으로 도움을 주신, 뛰어난 통찰력으로 내게 많은 영감을 주시는 김수영 대표님, 유수진 대표님, 성선화 기자님, 김주하 대표님, 김학렬 소장님께도 깊은 감사를 드린다.

무엇보다도 사랑하는 어머니와 아버지께 감사의 말씀을 전한다. 무엇이든 할 수 있다는 믿음을 주시고 사랑과 희생으로 도와주신 부모님 덕분에 나는 꾸준히 꿈을 꿀 수 있었고 앞으로 나아갈 수 있었다. 사랑하는 동생 이준표에게 깊은 감사와 사랑을 전하고 싶다. 든든한 후배 박세인, 소중한 친구 홍소연, 믿음직한 친구 이정미에게 깊은 우정으로 지켜줘서 진심으로 감사하다는 말을 전하고 싶다.

한결 같은 사랑으로 가장 큰 힘이 되어 주고 나를 지켜주는 남편에게 진심으로 감사하고 사랑한다는 말을 전하고 싶다. 세상 그 누구보다 존경하는, 소중한 남편에게 감사의 마음을 전한다.

나의 보물 1호와 2호 진성이와 민성이에게도 감사를 전하고 싶다. 책에서 본인들의 이름이 등장하는 것이 쑥스럽다고 한마디 하더니, 몰래 자기 방으로 가서 자기 이름이 나온 부분만 샅샅이 찾아서 읽고 있는 나의 귀염둥이들. 어느 새 키가 훌쩍 큰 우리 아이들에게 잔소리하고 가르치는 엄마가 아닌 친구 같은 편안한 사랑을 전하는 엄마가 되고 싶다는 간절한 소망을 갖게 된다. 원고를 쓸 때면, 고사리 같은 손으로 어깨 마사지를 해주는 나의 비타민 아이들을 볼 때면, 지상에 천사가 있다면 아마도 이 아이들의 모습과 똑같을 거라는 생각이 든다. 나는 어쩔 수 없는 고슴도치 엄마인가보다.

마지막으로 책과 강연, 방송을 통해서 만나게 된 존경하는 독자 여러분께 다시 한 번 깊은 감사의 말씀을 드린다. 이 책은 독자들이 있었기에 쓸 수 있었다. 이번 책에는 두 아이의 엄마로서 인간 이지영으로서 당당하게 서기까지 내가 겪은 수많은 좌절과 경험이 담겨 있다. 내 민낯을 보인 것처럼 조금은 쑥스럽다. 그럼에도 불구하고 다소 부족한 이야기를 이렇게 고백하는 이유는 오직 하나다. '이 책을 읽은 당신은 결코 혼자가 아니다'라는 것을 말해주고 싶었기 때문이다. 부디 이 책이 숨겨진 보물을 찾아가는 당신의 인생 여정에 조금이라도 위로가 되고 보탬이 될 수 있기를 진심으로 소망한다.